钱江潮忆

QIAN JIANG CHAO YI

政协杭州市江干区委员会◎编著

杭州出版社

图书在版编目（CIP）数据

钱江潮忆 / 政协杭州市江干区委员会编著. -- 杭州:
杭州出版社, 2021.1
ISBN 978-7-5565-1385-7

Ⅰ. ①钱… Ⅱ. ①政… Ⅲ. ①钱塘江—流域—文化史—研究 Ⅳ. ①K295.5

中国版本图书馆CIP数据核字(2020)第226107号

钱江潮忆

政协杭州市江干区委员会　编著

责任编辑　杨清华
文字编辑　林小慧
美术编辑　王立超
出版发行　杭州出版社（杭州市西湖文化广场32号6楼）
电话：0571-87997719　邮编：310014
网址：www.hzcbs.com
印　　刷　浙江广育爱多印务有限公司
开　　本　710 mm × 1000 mm　1/16
印　　张　13.75
字　　数　190千
版 印 次　2021年1月第1版　2021年1月第1次印刷
书　　号　ISBN 978-7-5565-1385-7
定　　价　45.00元

《钱江潮忆》编辑委员会

序

浩浩钱塘江是浙江的母亲河，它从杭州穿城而过，不但滋养了杭州这座历史文化名城，还为杭州实施拥江发展的城市战略提供了广阔的发展空间。而江干地处钱塘江下游，优越的地理位置成就了“钱塘江畔金江干”的美誉。当前，勇于奋进的江干人民，正在以“勇立潮头”的拼搏精神，高水平打造一流“重要窗口”的示范样本。

钱塘江历史悠久，源远流长，是孕育华夏文明的摇篮之一。在几千年的历史长河中，先民们依水而居、繁衍生息，与江共处，与水共生，在沧海桑田的变迁中孕育并创造了灿烂的钱塘江文化，为后人留下了一笔丰厚的文化遗产。

钱塘江文化作为江干区的文化品牌，拥有其独特的魅力，不仅受到社会各界的广泛关注，更吸引了全区人民的热情参与，凸显出钱塘江文化的人文底蕴和精神张力。

江干区政协一贯重视对历史文化遗产的挖掘、保护和利用，编撰了一大批书籍资料，做了许多实实在在的工作，在钱塘江历史文化的搜集整理和保护工作上，更是倾注了大量的心血：除了调研走访，十分注重对相关资料和历史信息的收集以外，还和区内外的文史作者及热心人士建立起广泛的联系，汇聚起民间力量，做好史料的拾遗补缺及碎片打捞，待积累到一定程度，就编撰成书，而这本《钱江潮忆》的出版，正是经历了这样一个水到渠成的过程。

《钱江潮忆》是一本展示钱塘江历史文化的综合性通俗读物。

在编辑过程中，我们延续了《钱塘拾遗》《钱潮回声》《钱塘记忆》等书的一贯风格，从各种不同的角度，通过不同的表达方式来解读钱塘江的历史变迁、筑塘御潮及沿江百姓如何与江水共生共存的诸多方面，体现出江干先辈在长期治江抗潮斗争中的精神内核，应该说涵盖内容是比较广泛的。值得一提的是，在全书六个板块的设置中，我们做了个新的尝试，保留了海塘史话、渡口塘埠、围涂筑堤、抗潮防灾等传统板块，使史料的真实性、可靠性得到充分保证。在此前提下，我们新设置了沿江风情、往事访谈这两个板块。沿江风情这个板块的内容，意在展现沿岸百姓世世代代与钱塘江休戚相关，追求与钱塘江和谐共生的理念；而往事访谈中的内容，基本上都是对有关当事人的访问或采访，既是当事人对某一历史的追述和回忆，也是执笔者的真实记录，读后让人耳目一新。这是难得的口述历史，彰显了政协“三亲”资料的特色，具有“存史，资政”的价值，也为今后的编辑工作提供了范本。

《钱江潮忆》资料翔实，人物鲜活，语言通俗流畅，具有江干地域特色和人文情怀，是一本集知识性、可读性、趣味性于一体，接地气的大众化好书，也是深入了解钱塘江文化的理想窗口，值得一读。

借此机会，谨向参与写作的广大作者朋友及编辑人员的辛勤付出表示衷心感谢。

是为序。

政协杭州市江干区委员会党组书记、主席

目 录

海塘史话 /073

往事访谈 /111

围涂筑塘 /153

沿江风情 /181

渡口塘埠

DUKOU TANGBU

土备塘上的盐埠头

鲍王平

旧时，彭埠一带的人习惯于把河道湖塘边的埠头称为河埠头。这埠头既与人们的日常生活息息相关，像方便居民挑水、淘米、洗衣等等，更是船只靠岸运货、来往过渡的起水码头，因此，在当时的乡间是绝对的岸边主角。彭埠土备塘上的河埠头就属于这一类，而且还有相当长的历史。

南宋嘉定十五年（1222），浙西提举刘垕在今艮山东路附近修筑海塘工程，并在石塘内侧不远，开挖了一条河道，叫备塘河；利用挖出来的土，在河的内侧又修筑了一条土塘，俗称土备塘。当时的备塘河毗邻钱塘江，上连上塘河，可谓四通八达，成了彭埠一带的黄金水道。

那时的人们习惯于临水而居。土备塘建成后，由于咸潮浸入，彭埠外围一带出现了许多卤白地。白地的形成是由于咸潮中的盐分被泥土吸收，日晒风吹，水汽蒸发后土地变得白如霜，故称白地。白地俗称盐碱地，盐碱地成了土备塘内取盐最好的资源。为何说盐碱地是土备塘内取盐最好的资源呢？因为钱塘江制盐，不同于海盐靠晒，而是靠煮、靠煎。据《两浙盐法志》所载："宋时，仁和沙地东隅沿海新涨白沙含有卤质，沙民刮泥取卤质于官灶，用铁锅煎盐私售。沙民领笺煎之，制成尽数收私局，搭配网商，运销他处。"《两浙盐法志》还记载杭州的钱塘江盐场，在宋时分"仁和"和"钱塘"二场，其中仁和盐场乃从今彭埠一带往东到乔司临平一带，海宁许村一带为许村场。宋代时这两个盐场都是沿土备塘而设。

清代乾隆皇帝曾作诗《塘上三首》，其中第三首就专写沙民刮沙煎卤的情景："灶户资生釜海存，刮沙煎卤事牢盆。茅棚荜窦何妨览，欲悉吾民衣食源。"昔时在土备塘上煎盐，均搭寮设灶，而用煎盘将卤汁煎熬成盐的场景被乾隆这首诗描写得栩栩如生。

历朝以来，盐一直都是属于严格管控的物资，盐民将盐煎成后不得私下交易。贩私盐轻则到衙门吃板子，重则要被刑部砍头。南宋时每个盐场都有盐运司，主要负责盐的运送和私盐的管理。仁和场盐运司还在备塘河上设彭家埠、李家埠、宣家埠等盐运埠头。仁和场分设六团，那里煎的成盐，从这几个盐埠上盐船，经备塘河（备塘河为古上塘运河支流），到上塘河进艮山门水门，在今盐桥一带上岸，进盐所。在杭州十城门歌谣中"螺蛳门外盐担儿"一句，其实讲的就是这些场景。

到了清雍正七年（1729）之后，随着钱塘江江道改道，加上范公塘和鱼鳞石塘建成，土备塘一带逐渐远离钱塘江。仁和盐场移至临江乡东北二十都。到了乾隆三十八年（1773）后移建至清泰门外。随着仁和场逐渐南移，住在土备塘上各盐埠的人们开始转向以农耕为主，改良土地，耕种蔬菜，种桑养蚕，种植中药材。随着土地耕种面积不断扩大，种植的产品逐渐多了起来，彭家埠一带也就形成了一定规模的集市商埠，人们称之为彭家埠市。李家埠一带类似于彭家埠，但集市规模不大，随着清乾隆年间钱塘江北岸江塘逐渐稳固，李家埠集市慢慢移至江塘一带，因集市在仁和江塘第七个堡，故后人将它称为七堡集市。两个集市售卖的东西也不尽相同。七堡集市靠近钱塘江，有靠水吃水之利，这里从钱塘江上游来的竹木客商多，因此七堡集市成了当时杭州城门外最大的竹木销售基地。宣家埠一带在清代是驻守塘兵的兵营，因为有兵营的存在，算是一方重地，当时这里茶馆、酒肆居多，所以售卖相关产品店铺众多，是个热闹的去处。

土备塘在江干的土地上存在了几个世纪，它见证了江干的发展，江干的变革，江干的腾飞。如今土备塘从一条泥泞的小道，变成一条宽阔的艮山东路，并且这条路上将新建一座贯穿杭城东西的高架路。土备塘上盐埠头的历史一去不复返了。

沧桑五堡渡

章宝兴

有着一百多年历史的五堡渡口，因钱江新城建设的需要，于2007年6月25日摆完了最后一渡，从此，五堡渡口便成了历史。唯独在渡口通往彭埠的村道上竖着一块“渡口路”的路牌，仿佛在告诉人们，这里曾是杭州通往萧山盈丰的水上通道。不过拆迁之后，渡口路也难以辨认了。

现年80多岁的吴马兴老人，原住在五堡渡旁边，据他讲，五堡渡最早是撑私盐的野渡。我们这里有句古话，“一分本事一分钱，十分本事撑私盐”，撑私盐的人，胆子大，力气大，头脑聪明。有位叫沈钊三佬的船老大的父亲，不但私盐生意做得蛮大，而且能看云识天气，对钱塘江的潮水起落犹如气象预报般准确。在船上做生意还有六甲村肖金法的父亲。四堡的曹阿狗水上的本事最大，好几次突然遇到大风将船打翻，他都死里逃生，成了我们这里的传奇人物。后来民国政府禁止私盐买卖，这帮人就做起了摆渡的生意，逐渐形成了渡口，但具体的年代已无法考证。

吴马兴老人说，那时钱塘江经常塌江，塌江的时候，明明今天还是很大的一个竹园篷，第二天早上起来就没有了，所以渡口的位置也不固定。因为塌江，吴马兴父亲的叔伯都乘船逃到了对岸，也就是萧山的盈丰、宁围等地，从此以后，亲戚之间就隔江相望了，五堡渡口成了他们相互来往的纽带。老人和五堡渡口几乎结了一辈子缘分。他从10多岁就挑着东西来往于两岸，吴马兴成了五堡渡口变化的见证人。在谈到渡口的历史时，吴马兴说，早先的渡船是一道桅，很小，后来用上了二道桅。桅就是挂帆的桅杆，这帆就是船上的风篷，小的船只有一张风篷。这种帆船在浅水的区域都用竹篙撑，深的地方用橹摇，摇橹的声音很响亮，老远就能听到了。

以前潮水很大，还有上游的山水冲刷，所以渡船的航道没有固定的位置，后梢有两个人摇橹，把舵的称船老大。有的时候需要有人在船头用竹竿测量江水的深浅，这个人称领船老大。领船老大用的竹竿上扎有一道道棕丝，每一米左右一道，共四道。在测量水位时喊出的声音很好听，最上面一道棕丝称“上毛”，最下面的称“下毛”。如离上、下毛有点小距离就喊一声“一脚踝”，距离大的就称“一大腿”，连起来就喊成这样：上毛落水一脚踝，下毛落水一大腿。听起来蛮风趣，杭州话说起来还挺押韵的。

家住五堡的屠老大今年50多岁，现在在干个体，他从事渡船工作快30年了，算得上老船工了。他说，早先在一堡、三堡都有渡口，都在1942年先后取消了，只留了五堡渡口正式归航运局管辖。到20世纪70年代后，手摇船换成了木制的柴油机船，速度和安全性都有了很大的提升，但每次载的人不多。直到20世纪90年代有了浙杭303客船，载人多，价格便宜，速度快，安全才有了保障。那时候是五堡渡最辉煌的时刻。以前老百姓要过江，要么走钱江一桥、南星桥轮渡，要么走七甲渡和五堡渡口，下游则过七堡渡，单是五堡渡一天的载客量就达到千把个人。那时候，渡船是12小时不停地打来回，单趟船票只要几毛钱，后来水涨船高，但还是算便宜的，屠老大说，正因为开渡船，他才幸运地认识了江对岸的萧山姑娘，并结婚生子。他说在四堡、五堡这一带，像他这样萧山有亲戚的人家很多，轮渡停了四五年了，走亲访友要从三桥、二桥绕道过去，但现在条件好了，多数人家有了汽车，没有渡船也习惯了，只是总会想起那撑渡船的岁月。

“我从小在五堡渡口旁边长大，记得五六岁的时候，经常在渡口边玩耍，朦胧地记得当时渡口的场景。渡船一靠岸，人真多啊，都是拖儿带女的，或者是推着自行车载着满满当当货物的。那时的船埠头很简陋，船是靠不到边的，以铺搭马凳跳板作挑埠，水涨船高时，一凳二跳，水浅时二凳三跳，长短不固定。胆小的乘客过跳板时摇摇晃晃，看得我心扑扑地跳。有时还能看到乘客因为晕船，一上岸就蹲在埠头旁边呕吐的。当时幼小的我就知道了乘船渡江是何等的艰难和吓人。稍长大后，听老人讲：'一世不渡江是全福人。'可能就是这个道理吧。

"我还记得小时候在渡口的沙滩上，有许多妇女冒着烈日，戴着草帽在补船帆。我出生时，母亲奶水不够，经常去隔壁沈大妈那里讨奶吃，沈大妈成了我的奶妈。稍大后也经常去沈大妈家玩，她是一位农家妇女，有时她去五堡渡口补船帆，我也跟着去玩。船帆即风篷，渡船上都装有高高大大的风篷，黄褐的颜色，打着大大小小的补丁，风篷在船上可以四面旋转，不管东南西北风，都可以借风力为动力。当船离岸后，把船帆扯起，快要靠岸时把船帆落下，因这样频繁地扯上拉下，所以船帆很容易撕破。补帆成了渡口的一项工种，但都是临时工，专门照顾船员家属赚点钞票，也算是一种福利。童年的我不知天高地厚，看到大人们在补帆时拉帆布，绕线头，我也七手八脚地去帮忙，给大人们忙里添乱，大人们都说我是'夹忙炒螺蛳'。补到傍晚收工，每人能拿到8毛钱工资，那时候一天能赚8毛钱是很难得的事情。

"时光飞逝，一晃眼，我从年幼无知的伢儿成了一名村电工。1989年10月的一天，在给村里安装电灯时，我不小心摔断了腿骨，在杭州青春医院住院治疗后病情没有好转，我妻子打听到萧山盈丰有个姓周的医生看骨科很有名气，就踩着三轮车带着我过五堡渡到对江的盈丰卫生院找周医生看骨伤。当时我躺在三轮车上动弹不得，上船时，由于船与码头高低落差很大，我妻子根本无法将三轮车推上船。她的无奈和我的痛苦，引起了渡船上员工的注意，来了两个船工，帮我们把三轮车连抬带拉地拖进了船。他们的热心使我深受感动，我仰起头连声说道：‘谢谢船老大。’半个月之后，我独自再乘渡船到萧山看病，在与船员聊天时才了解到，第一次过渡帮我抬三轮车的船老大姓罗，是五堡渡口的站长，家住六堡二组，当年他三十多岁。他父亲罗兴发生前也是五堡渡的船老大，十几年前，父亲退休后，罗站长接替了父亲的工作，也干起了船老大，因工作勤快，技术全面，很快升职成了站长。当罗站长得知我是本地人时，就对我更加体贴关怀，让出自己座位的一半，叫我坐着，减轻我的腿痛。

“渡船已停开好几年了，至今我还没有忘记坐渡船去盈丰看骨伤时的情景。五堡渡口虽然已经不在了，但会令我终生难忘。”

六堡塘埠和长盘头

沈克刚

在沿江一带，通常把土路连接海塘而形成的又长又高的斜坡称为塘埠。杭海路沿线有不少这样的塘埠，这些塘埠称谓各异，而六堡塘埠是历史最悠久的塘埠之一。

听我们社区里的毛大伯讲，六堡塘埠少说也有两百年的历史了。“我们毛家一直住在六堡塘埠旁边，小时候听我爷爷讲过，只要翻上塘埠就是柴塘，而柴塘外面除了几片小沙滩和茅草埂头，就是钱塘江水，碰上大潮汛，浪头会冲上柴塘……”后来柴塘改为石塘，再后来石塘上造起了公路，通了汽车，塘脚边的村坊里就热闹起来了，六堡塘埠也就成了一条连接公路的要道，往北一直可通到笕桥呢。

毛大伯告诉我们，别看它老底子是条并不宽敞的土路，其实非同一般，它从海塘公路下来一路往北，经五堰庙、横港河，翻过备塘华家埠，穿过白石庙老街，再走上三四里，就到了笕桥，旧时的笕桥称得上是大地方了。你想一条土路竟连接起那么多的村坊、老街，来来往往的人还会少吗？尤其是六堡和相邻的七堡，老百姓走得就更多了，难怪当地人称它为“南北要道”。不过要说到六堡塘埠，村民感受最深的还是拉车子上塘埠的艰难。毛大伯说：“当年生产队里拉行货，起码要加两个人在后面推，吭唷、吭唷地脚脚着力，才能将一车货拉上塘埠，要是碰到下雨、下雪就更加吃力了……但也有畅快的时候，那就是骑自行车下塘埠，哈哈，倒是蛮舒服的。”

六堡塘埠的出名还有一个原因。在埠头不远的海塘边，有一座“三官殿”。这是一处道教庵观，在沿江一带比较少见，三官殿虽然不大，但供奉的神灵却名头大得很，即天官、地官、水官，俗称“三官菩萨”。老百姓企盼三官菩萨护佑沿江一方平安，逢年过节总要来此祭拜，故而香火颇盛。据上辈老人讲，这座三官殿也算是钱塘江海塘上的一处公共设施。老底子曾经是六堡的堡房，有塘兵在此堡房短时值守巡查，也是路人避风挡雨的场所。

凡上点年纪的老人，说起1956年8月的那场台风灾害都记忆犹新：那天适逢大潮汛，钱塘江潮水在台风的影响下，席卷而至，潮浪冲坍了数处海塘，江水漫过堤塘，倒灌村庄而造成灾难。上级领导组织群众抢险，当年七堡乡的副乡长永庆伯冒着风雨，敲着铜锣，在三官殿门前作动员召集沿江村民。他振臂一呼，带领大家投入抢险，破旧的三官殿俨然成了抢险指挥部，真正起到了堡房的作用。20世纪50年代，杭海路有幸开通了公交线路，9路公交车在这里设了个三官殿公交站，站牌就在三官殿门口，这处地理标志一直沿用到9路车被撤销。“文革”之前，三官殿的叫法一度成为一个生产大队名称，即三官堂大队，这个三官堂大队就是如今六堡社区的前身之一。一个小小的道教殿宇能留下如此多的历史印记，确实是很难得的。

老底子三官殿旁边，有一棵高高大大的皂荚树，村人叫它肥皂树。六堡的肥皂树和三堡的香樟树是整条海塘的两个重要标识，在江面上来往的船只，都把这两棵树当作“定盘星”，可惜这棵肥皂树后遭雷击而枯朽。但老人们说起这棵树，还是津津乐道。

沿着六堡塘埠跨上海塘，向江面望去，可以看到有一道石坝深入江中，石坝与岸线形成一个丁字形，所以人们叫它为“丁字坝”。因为这道丁字坝深入江水的距离特别长，俗称“六堡长盘头”。它与下游不远的“七堡长盘头”有如两柄插入江中的利剑，将湍急的江流挑离岸线，始终稳定在江的中心线；从而促使六堡至七堡间这段岸线的江水趋于平缓，让泥沙在此沉积而形成大片滩涂，有效地保护了岸线的安全稳固，其作用可谓大矣。这种丁字坝是治理钱塘江水患所采用的一种特殊工程，在其他江河比较少见。如今每当水浅之时，你若站在沿江大堤上，就能看到六堡长盘头的雄姿，这可也是一处水利景观呢。

七堡渡口与航班轮船

茹仁

七堡老街早已拆迁，但只要聊起老底子的七堡渡口，居民们却记忆犹新，会向你娓娓道来：

顺着七堡老街前行，往左拐入横街再走到头，跨上江堤，就能看到一条长长的丁字坝横卧在江水之中，坝根是个大大的盘头，听当地老人说，这盘头左侧，就是老底子的渡口，又叫轮船埠头，七堡的命脉所在。

（一）

七堡老街是江干地区钱塘江沿线的一个临江小镇，曾经有过一段相当繁华的年代。小镇前临钱塘江，后枕杭海路，江边设有渡口，乘船可达萧山的“坞里、赭山”；公路可通海宁、海盐、平湖，直至上海。在交通不发达的小农经济年代里，这得天独厚的“水陆码头”优势，无疑为这个沿江小镇的商贸兴旺注入了源源不断的活力。所以在20世纪70年代以前，七堡成了方圆数十里之内最为热闹的集镇。

因为滩涂淤涨及江岸坍塌等种种因素，七堡老街的历史并不算太长，它现有的范围也是经过从“线条街”到“凤山盘头”等几度变迁之后才逐渐确定下来的。七堡及周边村坊的大部分住民也都来自对岸的萧山、绍兴一带，因坍江、灾荒等原因而汇聚到此落脚谋生。所以南北两岸的交流来往成了百姓的一件大事，当时的钱塘江上根本没有桥，要过江只能走水路，乘着简陋的木帆船来往于两岸，慢慢形成一条水道，这就是七堡通往对岸最早的民间渡口，也叫“私渡”，只可惜没有完整的历史记载。

笔者手头有一份民国年间印制的《杭州都图地图集》，找到七堡这个地域位置，可以十分明显地看到在七堡海塘外围，淤积了宽达数千米的沙滩岸线，沙滩上明确标着“牛车路”“牛车渡”等标识字样，由此不难看出：九十多年前，渡口离老街的距离还很远，要靠牛车才能越过浅滩、穿过沙滩而到达岸上，可见摆渡过江之难。后来由于江道变迁，滩涂坍塌，渡口随江道向岸边靠拢，待七堡盘头和丁字坝筑成，渡船靠埠及落船上岸有了依托，渡口位置才得以基本固定。然而时过境迁，如今七堡渡口早已不在，仅残留了一个旧址。站在江堤上，望着眼前那江水拍岸、波澜不惊的景象，任你怎么去想象，也无法勾画出旧时一个繁忙渡口的热闹画面。只有当年乘过这趟渡船的人，才能留下一些难以抹去的记忆。

（二）

在杭州煤气公司上班的荣林师傅早已是做爷爷的人了，然而说起七堡渡口，仍掩饰不住内心的感慨：“我们这份人家与七堡坞里渡，少说说也有六七十年的缘分，这几代人的渊源可不是轻易就能够忘记的。不过伢先要弄灵清，从七堡开到赭山、坞里的并不是过江的渡船，而是和南星桥码头开出的‘桐庐班’‘浦阳班’一样，是固定的航班轮船，俗称‘坞里班’，早上7点从七堡开船，朝下游东南方向航道前行，顺风顺水的话，到‘坞里’靠岸，一个半小时就够了。然后轮船按原路返回，逆水行舟，同样这30里水路，速度当然就要慢不少，但11点左右肯定能在七堡盘头靠埠。汽笛一叫，客人落船上岸，背着大包小包拥进七堡，然后各自寻路头，有吃门板饭的、歇客栈的、摆摊做小生意的，一时间人头涌动，街面上顿时就喧闹了起来。

“不瞒你说，我们沿江一带，大部分人家都是从对江迁过来的，我爷爷就是其中之一，我们的祖上在赭山，老亲老眷都在那边，所以我父亲蛮小的辰光就跟着爷爷乘这班航船了。最早的时候，他们乘的是木帆船，使的是风篷，看风使舵，待风篷拉起，一船人的命运就都托付给船老大了。那时父亲人小胆子小，望着船帮外的滔滔江水，坐在船里真当有点慌兮兮。直到20世纪40年代中期日本佬退出之后，这条航道归民国政府管理，改成了铁驳船，用上了蒸汽机，烧煤，老百姓管它叫‘小火轮’，开起来比木帆船要稳、要快，船舱里还有木头凳子，要是客人多的话，后面还可以挂只拖船，当地人称这种拖轮叫‘拖机包’。那时候爷爷已经过世，父亲继承了这份责任，只要老屋里有事，不管风里雨里，乘着小火轮，来往于七堡、坞里之间，不知道跑了多少趟。他说徐家的根在那边，不能断。新中国成立之后，这条航道由钱江航运公司收管，20世纪50年代，轮船用上了柴油机，马力大、性能好，拖两条船也没问题，我们叫它‘汽油舨’，父亲每次乘船回来，总免不了要称赞几句。或许因为根在那边的缘故，父亲对这班航船很有感情，直到晚年还不肯歇，总要我们陪着他去跑个一两趟。其实在伢七堡一带，像伢爹格种老辈人还真不少呢。”

（三）

“不过话说回来，既然有人去，就会有人来，而且从赭山、坞里乘航船过来的人还木佬佬多。有鸡毛换草纸的，有卖咸鲞、泥螺的，有修缸、补鬈的，有做酒的，都是到江北地面来谋生的平头百姓。在这帮人当中，我的丈人老头就是其中的一个，他是卖孵坊小鸡、小鸭的。老底子赭山、坞里孵坊比较集中，于是就催生了小鸡、小鸭的贩卖。当地许多乡民都从事这一行当，一早去孵坊挑上一担小鸡、小鸭，乘坞里班轮船到七堡上岸，各人顺着自己熟悉的路径和村坊，沿门沿户一路叫卖过去：'来——扻萧山大种鸡，放债小鸭哉！'我们这边人家屋里养的鸡、鸭都是从他们担子里扻的。一担小鸡、小鸭少说说千把只，运气好一两天就卖得完，碰得不好总要卖好几天，有的人甚至卖到嘉兴地面，你想想有多少辛苦。为了有个喂鸡放鸭和歇夜吃饭的落脚点，他们都想在我们这边攀上一份人家，好有个照应、靠帮。

"常言说得好，出门靠朋友。我丈人老头是我父亲乘船时认识的，一来二去熟悉了，两人都是乡下人脾气，蛮对胃口，于是我家里就成了他的落脚点。有了这个窠，一宿两餐有了保障，他就只管放心做生意，不必再一心挂两头了。再后来嘛，他把女儿阿凤许给了我，做了我的老婆。两家老人也从朋友变成了亲家公。定亲的时候，我丈人老头坚决不肯收我们的彩礼钞票，人家都说我父亲是靠坞里班航船白得了一个媳妇。

"老婆讨进门，还带来了一门手艺——挑花边。说起'萧山花边'，大家都晓得，在萧山东部，是农村主要的家庭副业，个个妇女都会这一手。

"萧山花边确实是个好东西，不但名字好听，成品花边更是款式繁多、花样各异，属于高档工艺饰品，不但在国内市场广受青睐，而且还出口欧美、中东等国际市场。为啥介吃香？因为是靠两只手一针一线挑出来的。花边的图案、花样、针法都在不断变化，交货又有时间规定，所以伢老婆差不多半个月就要去交一次货，早上乘船到坞里，赶到收发点验收交货，然后领来新的花样，到娘家住一晚上，第二天再跌煞扳倒坐船赶回来，船舱里坐落，马上拿出花本挑起来，手里一点都不肯空一空。这样来来往往，一年少说说总要十七八趟，光船票都有一大把。不过说句良心话，一年挣个两三百块的辛苦钱还是有的，这在当年可是一笔大数目，家里的日常开销就靠它了。

“伢阿凤这个人良心蛮好，不但自己挣钞票，还教会了生产队里的一些姐妹，带出了一批徒弟，让大家都有个挣钱的机会。每当规定的日子，大家一起去交货、换花本，坞里班航船上就多了一批挑花的女乘客，这也算得上是七堡渡口的一条新闻。后来随着这里挑花边人数的增加，厂家特意在七堡老街设了一个收发点，领货交货的地方挪到了家门口，阿凤她们也不必再乘着渡船赶来赶去，一下子方便了许多。

“有了阿凤之后，我坞里就去得少了，但每年两趟是必须要去的。一次是大年初二，老婆、儿子一个不少，拜年、点新年蜡烛，这是规矩、是做小辈的道理。再一次是腊月初八，这一趟是帮丈人老头家里搡年糕。坞里一带的沙地里盛产小米，每逢过年，份份人家都要搡小米年糕，我做女婿的当然要去出出力气。可每次回来的时候，丈人老头老早就为我准备好一担黄灿灿的小米年糕，还一定要挑到船埠头，送进船舱里才肯歇肩。”

讲到最后，荣林师傅似乎动了感情：“如今的交通是越来越发达，现在我们从绕城高速下沙大桥过江到坞里，半个钟头足够了，非常方便。自从1997年航班撤销之后，七堡渡口早已荡然无存，但每当空闲的时候我总喜欢到七堡盘头来转一转，当年的情景就像放电影似的出现在我脑海里，甚至还能隐隐地听到轮船喇叭的回声呢，你们说怪不怪……”

四季青碑亭

周永祥

碑亭路位于常青村中心，南起秋涛路，西至杭海路，全长550余米。宋代时，此路唤作前车路；明代时，改叫观音堂路；至清朝，又改名碑亭路这个名称一直沿用至今。

碑亭路，顾名思义，皆因路南端有座碑亭。碑亭，是清代乾隆年间海塘建成后为捐廉襄事官员立碑建亭，位于清泰门外观音塘车马弄口。它是由石柱搭建的一座亭台，呈四角方形，占地约6平方米，高5米，全亭不用一钉一铆，皆为石块拼合而成，由四根石柱支撑。亭台上面造得像屋顶，亭顶上有二龙戏珠石雕，四角飞檐高翘，檐角为龙尾状，互相呼应，栩栩如生。最顶上是一对昭然欲动的飞龙，两个龙头之间，有一颗像篮球大小的石珠，寓意“二龙戏珠”。中间竖立着一块高约2.5米、宽90厘米、厚30厘米的大石碑。碑顶是三角形石雕，雕

四季青碑亭

着祥云花纹和一对小龙。碑面上刻着一些文字，经过两百多年风雨侵蚀，许多字迹已被风化得不太清楚了。但经仔细辨认，仍可看出碑文上记载了诸多官员的官衔及姓名，包括前署布政司按察使徐恕、前署按察使司今署布政使孔毓文等。据此推算，碑亭为清朝修建海塘时为捐资官员所立，现为杭州仅存的一座。这既是钱塘江海塘建筑史上独一无二的实物佐证，也是观音塘地区的地标性建筑物，具有较高的历史文物价值。

碑亭后面有一座观音堂，又叫观音庙。其时杭州钱塘江沿岸不时发生洪涝灾害，百姓们为了祈求菩萨保佑，便在江塘转弯处建了一座观音庙，庙正中塑有观音神像及三官菩萨等，四时供奉。每逢菩萨开光之日，庙内香火极盛。清乾隆年间，当地百姓捐资重建，占地一亩多，建有大殿及厢房，门前建有30余米木结构长廊，位置正好在海塘上，人们可坐在长廊条石上观看钱塘江潮水。

观音塘门口石塘下，即为观音塘渡口，旧时去南海普陀山烧香客均由此下船，故俗称普陀下圆。

北宋末年，观音庙又一次重建，加盖了二楼，庭院有所扩大，院内种有几株高大的梧桐树；庙旁筑有一条通往范公塘的卵石小道，即后来的碑亭路。

清光绪三十一年（1905），碑亭路东侧稔稼桥畔，办起了浙西初等小学堂，为四季青乡历史上第一所公办小学，是一所地地道道的给农民提供教育的小学。据老人们回忆，当时连三堡、御道、五堡的农民子弟也到这所学校来求学。1927年时有两个班级，学生50余人，校长叫徐嘉芝，还有两个徐姓先生教课。

20世纪50年代初期，观音堂成了农会的办公场所，还办起了夜校和俱乐部，成了观音塘村民议事、集会的中心。人民公社时，这里又办起了碾米作坊，为当地村民碾米服务。

碑亭路口的这座碑亭，虽历经磨难，却能完整地保存至今，全靠观音塘村的干部群众合力保护。

1958年大炼钢铁时，公社派人来拆庙宇，正要动手拆碑亭上的铁件，时任观音塘大队的党支部书记丁文坤和副书记傅宝华出面阻拦，并据理力争，说这是祖先留传下来的历史文物，不能破坏，碑亭才得以幸免于难；“文化大革命”时，一些红卫兵和“造反派”说这是“四旧”东西，欲强行砸毁碑亭，又是时任大队党支部书记傅宝华出面，极力劝阻这伙人不要砸了这宝贵的历史文物，加上周边村民们的悉心保护，碑亭才又一次得以幸存下来。后来，常青村的领导班子换了一茬又一茬，每届领导班子成员都悉心保护这座碑亭，并多次拨款维修碑亭。80年代初，碑亭被确定为区级文物保护单位；2009年，碑亭被确定为市级文物保护单位。历史遗存得到了应有的重视。

如今的碑亭路已今非昔比。

路的南面，钱江新城高楼林立，杭州大剧院、国际大酒店、来福士商贸城、时代国际广场、城市阳台等已成为城市新地标，是杭州市的新中心区；北路口，杭海路已成为“中国服装第一街”，是全国规模最大的服装批发集聚地之一，日均客流量达5万余人次；路东、路西是大片的住宅区。碑亭路周边的民居里，住满了来自全国各地和港澳台地区及世界各地的商客、打工者。夜幕降临，路两旁的广告霓虹灯闪烁着，路上行人川流不息，但很难看到一个本地人。整条碑亭路到处充溢着时代气息。

碑亭路，一条古老而又充满生机的路，积淀了深厚的历史文化底蕴，值得人们永久地珍惜和保存。

四季青境内的古塘埠

周永祥

四季青临钱塘江，江岸线长达30里，历史上常受涌潮、洪水侵袭。千余年的防洪御潮历史，境内筑成捍海塘、柴塘、鱼鳞石塘等钱塘江海塘。清代，钱塘江北岸堤塘以仁和县乌龙庙为界，西称江塘，东称海塘。乾隆三十九年（1774），巡抚三宝奏修仁和江塘，四十一年（1776）增筑仁和观音塘。三宝《观音堂塘工记略》记载："自观音堂迤北至乌龙庙，巨字至淡字计石塘一十八号，乃宋工程郎中张夏所筑之旧址。"康乾之世，从杭州至海宁共修建鱼鳞石塘13300多丈，以规模宏伟、结构精良闻名于世。这一线海塘就此成为防洪御潮的主塘。

主塘安然坚固，沿线船埠应运而生，东南西北中客商云集于此，转运各类货物，物阜民丰，盛极一时，"金江干"名号由此而来。自候潮门至东青门，各类船埠多达9个，均在四季青境域内。且各个船埠有各自的商业特色，如大通桥船埠货物以粮食和小百货为主，姚家埠以柴、木材为主，徐家埠、观音堂塘埠、乌龙庙塘埠以盐业为主，南肖埠以南北货、药材、副食品为主，油车头埠以油坊业为主……均呈一派繁荣景象。各塘埠的历史概貌分述如下：

南肖埠 南肖埠位于太平门外景芳村东面。此地昔为古海塘的一个大船埠，埠上有座放怀亭。吴越时，南肖埠东南向是浩瀚钱塘江；自隋开凿大运河后，南肖埠北边也紧靠大运河。由此，南肖埠成为杭城东南通衢。至南宋，此地人聚烟生，馆舍众多，南来北往的客商川流不息，岸边桅船林立，货物日夜周转不停，成为杭城东面最为繁华的地方，声名远播。

最早可考的是后晋天福五年（940）吴越王钱弘佐建南肖埠于此岸，至今已有1000多年的历史。南宋庆元元年（1195）时，杭州府拨资扩建船坞，大大增加了船坞的吞吐量。为显皇恩，南宋朝在南肖埠西侧垦田十余亩为皇田，年逢春耕时，朝廷官员会同杭州府官吏，到此祭祀开犁，祈福风调雨顺，五谷丰登。是时，南肖埠周边庙会、戏会、堂会纷纷举行，盛况空前，彰显歌舞升平之盛景，延至明清时仍盛行，可见南肖埠一带的兴盛繁华。南宋吴自牧《梦粱录》卷十二《城内外河》曰："前沙河，在菜市门外太平桥外沙河北水陆寺前入港，可通汤镇。"（汤镇为今乔司。）前沙河即今杭城东贴沙河；入港，即贴沙河水亦通今南肖埠旁之大运河。由此可见，南肖埠不仅外通钱江，中通运河，内通城河，其地理位置真可谓得天独厚，岂有不繁华之理?

沧海桑田，斗转星移。今之钱塘江河道已退至东南5千米之外，南肖埠已成为历史。今日的南肖埠一带已是杭州城市中心，仍延续着昔日的繁华。周边以南肖埠命名的单位数不胜数，如南肖埠直街、南肖埠社区、南肖埠住宅小区、南肖埠小学……可见南肖埠的历史底蕴之深厚。

乌龙庙塘埠　乌龙庙塘埠位于观音堂塘埠北面，两埠相距200余米，位置都在石海塘上。民间传说，梁山伯与祝英台曾两次路过此地。该塘埠呈现"L"形，因埠上有座乌龙庙而得名。

塘埠的形成缘于海塘的修筑。海塘是我国古代劳动人民修建的挡潮堤坝。仍保持原貌的常青村境内自观音塘至乌龙庙段海塘共800米，至今已有1000多年历史。五代吴越时，在钱塘江北岸筑堤挡潮，堤外围沙泥淤积，地面不断增高，堤坝也逐年加高。北宋大中祥符五年（1012），竹笼堤坝改建为柴塘堤坝，抗侵蚀能力增强。景祐年间（1034—1038），负责海塘工程建设的官员张夏建议将杭州海塘改用石料筑砌，叫作石塘。当年张夏共修石堤长12里，石塘高达4丈，背后又培以土塘。千百年来，由此形成一个地理现象，即石塘内外地势落差达10多米，外高内低。乌龙庙塘埠就是如此。

乌龙庙塘埠昔称乌龙埠，埠上矗有一块石碑，石碑高2.5米、宽1米、厚0.2米。石碑上刻有题词，字迹已然模糊，依稀可辨，碑记为南宋杭州府尹万子礼所题，该石碑今仍在，矗于乌龙亭内，底部已被香烛熏黑。

乌龙庙塘埠是杭州城东和江南百姓进城的必经之地。1921年，省公路局修建沪杭公路，自清泰门外乌龙庙、三堡、五堡、七堡、九堡至乔司路段，乌龙庙站为最高标高。新中国成立后，该路标为001省道。1960年，华东地质勘探局经过一年探测，测定乌龙庙塘埠为沪杭海拔最高点，并在乌龙庙后埋设铜制坐标，用文字标明，并用三级水泥台阶浇筑。坐在石阶上，天晴时能看到西湖，看到西湖边的青山，看到西湖上的游船，盛大节日的夜晚，坐在塘埠上，能看到西湖边上绽放的烟火。

乌龙庙塘埠又是一处让人发愁的地方。因地势落差太大，农民拉菜进城还好，钢丝车冲下塘埠可一路轻松行至城门口；拉粪、拉垃圾、拉牲畜饲料等重车的农民行至乌龙庙塘埠可就犯愁了，如果几人同行还好，可相互推车过坡，如单人拉重车过坡，没他人帮忙推车，断断是拉不上坡的，除非你身体强壮，力大如牛。以前帮忙推车的人是很多的，越到后来，肯帮忙搭把手推车的人是越来越少了，老百姓对乌龙庙塘埠拉车难的怨声也越来越多了。

1980年，四季青公社党委、管委会决心整治乌龙庙塘埠的坡度，决定由省公路局出钱，四季青公社出劳动力，利用后半夜车流量少的时间，施工削平塘埠。经过10个夜晚的奋战，乌龙庙塘埠的坡度有明显减低，虽仍有一定的坡度，但一个男劳力就能拉一辆载重钢丝车翻过塘埠了。

20世纪90年代初，改建杭沪公路，由西面坡底开始削平路面，长约150余米，成为现在的平面柏油马路。乌龙庙塘埠由此成为历史名词。

徐家埠　徐家埠位于近江村东北500米，紧靠秋涛路，昔为钱塘江边的一个渡口，是过往萧山、杭州旅客和商贾的交通要口，尤以集散盐业盛名。此埠原为一徐姓所建，故名。

相传乾隆皇帝第二次南巡到杭州，专门到徐家埠察看杭州的盐运情况。其时正是江南三月，桃红柳绿时节，一天，乾隆着青衣小帽，带一个随从私行察访来到望江门外。只见一个小姑娘站在道旁唱小曲，唱的是《杭州十城门》。乾隆觉得好奇，就停下来听小姑娘唱曲，“望江门外菜担儿，螺蛳门外盐担儿”引起了乾隆的兴趣。待姑娘唱完曲，乾隆便叫随从问那姑娘：“这螺蛳门在何方？”

唱小曲的姑娘道：“看你不是本地人氏，去螺蛳门可有何事？”

乾隆接口道：“姑娘，你刚才不是在唱‘螺蛳门外盐担儿么’，朕……”一个“朕”字出口，乾隆急忙改口道：“正好去看看这盐是怎么个烧法。”

唱小曲的姑娘一听客官要看烧盐，随手往前一指：“客官朝东走去，一里路光景便到，那里尽是篷庐盐厂。”

乾隆告别姑娘，与随从一起上路，不到一炷香工夫，果见从黄童庙到徐家埠一带，海塘内外，尽是烧盐的篷庐厂。他来到这家，又来到那家，观看盐民煎盐之法。他在皇宫里是看不到这些的，心中不胜感慨，眼看日头将落山，他便与随从原道返回杭州城里。

乾隆皇帝平生有个习惯，每天晚上总要用诗写日记，把白天的所见所闻记录下来。今天他写的是什么呢？他写了一首《咏煎盐者》的诗：

一历篷庐厂，载观盐灶民。
樵山已遥远，釜海亦艰辛。
火候知应熟，卤浆配欲匀。
可怜终岁苦，享利是他人。

诗中的篷庐厂，就是指近江村盐舍弄、徐家埠一带的制盐场，因盐民设灶用盐卤煎盐，故称盐民为盐灶民，釜海是指用锅子之类的器具煮海水，以制盐。盐民终年辛苦，而得利的却是盐商，乾隆对盐民寄予了一定的同情。①

观音堂塘埠 观音堂塘埠位于观音庙外，今碑亭路旁，紧靠钱塘江，昔为一个渡口，俗称普陀下院，是走钱塘江到徽州、金华、衢州、严州之水路交通点，也是木材、山货、药材、蔬菜瓜果等的集散地。南宋时，江涂渐涨，渡口外移，依赖渡船接送往来旅客，牛车衔接渡船，运送物资、旅客。后渡口规模不断扩大，形成一个颇具规模的船埠。民国时，观音堂塘埠一带的江涂上烧盐业兴起，周边开有徐家舍、陆房舍、曹

明清钱塘江海塘碑亭

① 乾隆皇帝到徐家埠渡口旁的盐场是在1757年3月，即乾隆二十二年。

家舍、五舍、瓦凉棚等五家盐厂，烧盐的盐卤要经水路从余姚运至此地，船埠日趋兴旺。此外，船埠旁还办起了楼家、曹家、杨家等三家柴炭公司，柴炭要从钱塘江上游的山区运来，都要通过观音堂塘埠。

新中国成立后的一段时间里，观音堂船渡在离今观音塘一里外的地方，上八府及对岸萧山等的来客及货物都从此船渡进出。20世纪70年代围垦海涂后，船渡移至七一翻水站外，称七甲渡，直通对岸萧山。

相传古时香客到南海普陀去烧香，均在此坐船。

大通桥船埠　大通桥船埠位于望江门外直街与贴沙河交错处。据查考，大通桥建于宋时，桥上通路，桥下为埠，故名大通桥。大通桥为一座由二层条石砌成的拱形石桥，两面桥身有一些石刻字，题有“中华民国六年重建，工程局重建”等字样，至今依稀可辨，其他字迹因日久风化，很难辨认；桥栏由青石条砌成，桥两旁设有二排靠背石凳，供旅客和过往客商和行人歇息。

据《西湖游览志》卷十九记载，此桥边为古海塘上的一个客货运船埠，从钱塘江上来的货船都由此进贴沙河转进城河入杭城。该志书记载云：“大通桥旁，有银杏树，为舣舟渡江之所。今沙涨，去岸者二十里矣。”

干家老塘埠　干家老塘埠紧靠范公塘（沪杭公路）西侧，位于一堡与二堡之间，系海塘上的一个埠点，为当地一干姓所建，故名干家老塘埠。据查考，此埠应建于明末清初。后来，此地逐渐形成了一个村落，村名亦叫干家老塘埠，干姓成了该村落中的一个大姓，至今，此地仍以干姓人家居多。

随着时间推移，钱塘江潮起潮落，海塘外的淤泥淤积成大片江涂，河道逐渐南退，干家老塘埠自然消失，原址旁形成了一个大池塘，占地约10亩左右。20世纪80年代，该池塘被填平。现在该地已是一个大型住宅小区。

断塘头埠 断塘头埠位于三叉村三叉路西北750米，景芳村北面，建于南宋时期，为南肖埠辅助船埠，因水位浅于南肖埠，只能停泊一些小型船舶，但也很显繁忙。此埠建于古海塘上，埠南为石塘，埠北为柴塘，即石塘到此而断，故名断塘头，又名接塘头，故埠以此名。

牛车塘埠 牛车塘埠位于大刀湖西面250米，昔为古海塘一船埠头，埠旁原有油坊，亦名油车头埠。

跳门埠 跳门埠位于近江村黄童庙外一里许，即原近江养鱼场边。昔时钱塘江上游木材、山货、药材等货物运来，由牛车接驳装运进来，然后由客商发运各地，故称跳门埠，亦称上车路渡。

1955年，因钱塘江滩外涨，渡废。

乌龙庙塘埠的南北东西

沈树人

现如今要说起“乌龙庙”，晓得的人肯定不多；但只要一讲起四季青服装市场，那恐怕是人尽皆知了。其实老底子的乌龙庙就在四季青服装市场东入口，去过那里的人都知道，服装街的东入口有一幢高高的标志性建筑叫“孔雀大厦”，这幢大厦就是在“乌龙庙”的原地基上建起来的。

世居乌龙庙附近的周永祥先生说，此庙建于何时已无从考证，但周边的唐祝、永和等村坊里却一直流传着一个故事：相传南宋抗金名将岳飞帐下有位骁勇善战的畲族将领叫乌蛮，当他得知岳飞被无端陷害下狱的消息后，便点了一千精兵飞驰临安前来搭救岳飞父子，奸相秦桧命官军速去城外阻挡乌蛮，在拱宸桥展开了一场血战，乌蛮将军寡不敌众，杀到沈塘桥时手下军兵全部殉难，乌蛮将军单人独骑，仍奋勇冲入城中。忽见沿街百姓恸哭哀叫，方知岳飞父子已在风波亭遇害。他单枪匹马来到太平门外南肖埠江边，对着钱塘江号啕大哭，此时追兵蜂拥而来，乌蛮将军仰天长啸，纵身跃入了波涛之中。他的忠勇感动上苍，被封为乌龙菩萨。于是百姓在江堤边上建庙宇塑金身，从此就有了这座乌龙庙。

而乌龙庙与钱塘江堤塘密不可分的关系是有史料记载的:

一是关于海塘和江塘的划分，据《明清钱塘江海塘》记载，北岸以仁和县乌龙庙为界，乌龙庙以东为海塘，乌龙庙以西则为江塘。海塘和江塘，防御潮水的作用和修筑工艺大为不同，在管理上也有区别，乌龙庙作为二者的分界点，在北岸整条堤塘中的位置显得颇为重要。

二是自雍正八年（1730）始，朝廷设置了海防同知厅，建起一支集巡防、抢险、管理、保固于一体的营汛部队，分段管辖从乌龙庙起始至平湖金丝娘桥段的十二汛段海塘，这就是后人所说的“塘兵”。而乌龙庙作为起点，被称作头堡（也叫一堡），地位显得尤其重要。头堡至九堡宣家埠为第一汛段，配备把总一员（官员），马战兵三员，步战兵九员，守兵三十九员，共计兵士五十一员，驻防宣家埠。而乌龙庙作为岁修海塘的重要节点，它的南北东西也都与江岸海塘多有牵连。

向南

乌龙庙东侧的秋涛路，是一条贯通南北的城市主干道，如今高架全线开通，越发成了交通命脉，其实这条秋涛路基本上就建在当年的堤塘上面，秋石高架施工时，曾挖出了不少筑海塘的石条，这些石条乃海塘遗物。要找到当年修筑海塘的遗迹并不难，在离乌龙庙不远的地方，有座碑亭，印证了海塘修筑的历史，在现存的海塘遗迹中也不多见。

沿秋涛路南行六百米朝右拐，有条碑亭路，再往前走是石塘路，在碑亭路与石塘路相交之处，竖立着一座歇山式斗拱型的石亭子，这就是建于清乾隆四十二年（1777）前后的钱塘江海塘碑亭。走近一看，所谓的石塘路其实就是老海塘，难怪它比附近地面高出不少。而这座碑亭就建在石塘上。碑亭为青石建筑，朝向东南，占地约9平方米，平面呈方形。四根方形石柱立于石台之上，高2.8米，正面敞开，其余三面围着长条石凳。碑亭的结构形式是典型的清代早期建筑风格：亭子上部出雀替承托小额枋，正面枋上雕“二龙戏珠”图案，其余三面雕“如意”和海浪的图案。枋上安如意纹的柁墩，与柱顶共同承托大额枋。正、背立面的大额枋上再置斗拱，承托亭顶。亭顶为歇山式，檐角起翘，檐口饰沟头滴水，正脊雕镂空花纹，整座亭子简洁大方。亭内立石碑一方，虽碑额已缺失，所幸碑座和碑身保存完整。碑身字迹已然模糊，但走近细看，尚能辨得前署布政司按察使徐恕、前署按察使司今署布政使孔毓文等刻于其上的官员官衔及其姓名，均为浙江及杭州乃至仁和县捐俸修石塘的官职及姓名，于乾隆四十二年（1777）塘成之时所立。

据史料记载，钱塘江海塘屡建屡毁，屡毁屡建，世代百姓绵延相继。其实屡毁屡建的又何止海塘，就是眼前这座碑亭，在“文革”初期，被“造反派”推倒扒平，石雕的龙凤被敲碎，石碑断成了三截，幸亏有周边群众悉心保护，才没有丢失。1996年，在常青村村主任张宝福牵头下，村民从泥土中起出石碑、托拱等原有构件，从绍兴请来老石匠，将石碑重新树起，碑亭修复，为此常青村花了37000多元集体资金。张宝福说：“伢把前朝手里传落来的家私照管好，格笔钞票用得理所应当。”2004年7月，这座碑亭被列为杭州市第二批市级文物保护单位，成为钱塘江历史的一个重要印记。

当年与碑亭同时被砸毁的还有“观音堂”石牌坊，可惜坊倒石毁之后再也无迹可寻，留下来的只有南面秋涛路上那块“观音堂”的公交站牌，还有就是越剧《梁山伯与祝英台》十八相送中“观音堂内去拜堂”那段脍炙人口的悠悠唱段。

往东

当年的9路公交车从乌龙庙顺着杭海公路一路往东驶去，行至三堡，那大片的滩涂突然就消失了，江水直接漫到海塘外侧脚下，如果碰上大潮汛，那整车乘客就有得受了：因为这潮水有如火车班次，逢时必到，耳边的潮声尚未散去，猛然间江面上潮头滚滚，白浪翻滚，呼啸而来，当你吓得六神无主之际，轰隆隆一个大浪扑上公路，哗啦啦地卷过车轮，让整车乘客吓出一身冷汗……这样的场景可绝不是危言耸听，乃是笔者亲历。20世纪50年代末，笔者在杭四中读书，每周六下午乘9路车回家，只要碰上大潮汛的日子，按照下午三点多的时间点，都会在三堡与大潮不期而遇，上演这惊险的一幕。开始还真害怕，但三年初中读下来，见的次数多了，胆子也就大多了。驾驶员倒很是淡定，待潮头扑过，公交车继续往东行驶。此时的江面潮平江宽，不少帆船扯起风篷，乘势借力，顺风顺水，一路扬帆西去，我们坐在公交车上望出去，这些船好似近在眼前，触手可及，不禁生出一种与帆船擦肩而过的感觉。如今想起，此景仍历历在目，惊涛拍岸之感，难以忘怀。

后来才知道，三堡到五福凉亭这段海塘，因为受激流潮浪冲刷侵蚀，没有沙岸滩涂作为缓冲，以致海塘直接临水，所以沿江百姓称这一段为“赤膊塘”，想想倒是蛮形象的。不过在20世纪70年代，这段“赤膊塘”外进行大规模抛坝围涂，随着滩涂的逐年增厚增高，这才有了现在的模样。

车子一路前行，很快到了七堡，这是个颇为热闹的乡间市集，因为水陆交通便利，成了物阜民丰之地。但更为让人看重的是七堡在钱塘江海塘中的特殊地位。其一，七堡是石塘的终点，据史料记载，从盐官一直向西延伸的条石海塘到七堡就中断了。其二，七堡是柴塘的起点，为连接石塘而修筑的柴塘，从七堡一直延伸到乌龙庙，所以它成了石塘与柴塘的交接点。柴塘是海塘修筑中较为少见的，后来在柴塘外侧又砌筑了斜坡式石塘，两者之间工艺不同，在七堡交接之处，肯定有许多值得考证研究挖掘的宝贵资料，所以说七堡是整条海塘的一个重要节点。

其实，这条杭海公路的路基就是老海塘，公交车一站站开过去，就会有一则则讲不完的海塘故事。

朝北

从乌龙庙朝北走，虽同为乡野，但与沿江滩地相比，景象多有不同。不过也有相似的共同点——这里同样有不少堤塘。

据史料记载，五代吴越国王钱镠为护卫杭州城，于后梁开平年间，筑成钱氏捍海石塘，从六和塔直至艮山门。而在此之前，钱塘江曾淹到过笕桥一带，故宋代时的走马塘曾经也是彼时的钱塘江堤塘。尽管南宋时成了一条驿道，可路名仍叫走马塘。另外，由乌龙庙接南肖埠的石塘虽止于断塘头，可从艮山门至机神村再到断塘头又有塘线相连。由此不难看出：虽然历史年代有先有后，但所有堤塘都能相互连接，不但是整个海塘的组成部分，而且也能从堤塘的方位印证钱塘江江流的历史变迁。

其实，我们只要查找一下走马塘南侧尚存的许多历史地名，像皋塘、新塘、月塘、彭埠等，它们都由西向东排列在土备塘一线，这些非塘即埠的地名，传承了千百年，明确无误地印证了钱塘江历史上沧海变桑田的历史信息和过程。

纵观这一大片区域，自然环境相对优越，历史长久，积淀深厚，传统的农耕生产较为发达。农耕经济是民生之本，历代官府对农桑产业也很注重，在城东庆春门外设置祭坛（即先农坛），每年二月亥日举行隆重仪式，祭祀农耕的先祖神农氏、历山氏、后稷氏。祈求风调雨顺、农桑兴旺、五谷丰登。从有关记载看，祭祀仪式十分隆重，吸引了众多百姓参与和观看，这是个以农为本的典型事例，在民间起到了积极的作用，从而衍生出城东民间颇具影响的“迎春”庙会。如今迎春庙会虽已消失，但在庆春门古城墙博物馆门前一组“鞭春牛”雕塑却活脱脱地还原了当年迎春庙会的欢快场景。

若沿着土备塘继续前行，一过新塘就到了彭埠，这里乃城东腹地，老百姓除栽桑养蚕、培植药材之外还兼营机织，历史上素有“彭家埠市”之称谓。彭家埠商贸充盈、民风淳朴，此地流传着一首民谣：“杭市东乡，地滨钱塘。治桑业农，风气淳良。农歌机织，声声和扬。加我诵读，更于嘹亮……”歌谣好听又好记，形象地概括了当时的风貌，难怪能传唱至今。

如今这里早已实现了城市化，成为大都市的中心区，发展变化之快，真有点让人目不暇接。

过西

20世纪六七十年代，笔者在生产队里挣工分，经常拉蔬菜去城里的菜场送货，必须经过乌龙庙。大凡拉车的人都知道：不论一车货有多少重，只要坚持拉上乌龙庙塘埠，心就宽了一大半；接下去脚底下就轻松多了，乌龙庙的落山埠又平又缓，一路顺风直到铁路道口才收得住脚步，那真叫一个惬意！翻过铁路就是清泰门，清泰门老底子叫螺蛳门，老百姓则习惯叫作“城门头”，不过乡下百姓是很少进城的，这城门头一带才是老百姓的天地，是属于乡下人撑市面的地方；你看：地货行里的蔬菜交易，一声声的“哦——写账”“哦——写账”，还不是靠四村八乡的菜农一担担挑拢来投售？粪窖池里的大粪，更是靠乡下人“吭唷，吭唷”地一担担挑出去浇地，这些起早落夜、赶进赶出的农民兄弟，干的全是城里居民吃喝拉撒的要紧事情。

乡下人虽然难得进城，穿街走巷路头不熟，但有两条老街却了然于心。一条是清泰街——从乌龙庙塘埠下来穿过城门头直冲就是，可以说是海塘的延伸段；当地老百姓有句口头禅："塘路连着清泰街。"另一条则从清泰街一直走到头，碰鼻头向左转弯的中山路，中山路早在南宋年间就是一条沾上皇家气息的"御街"，它蜿蜒向南，过了凤山水门，在闸口段竟然又与海塘交会在一起，也足见杭城是离不开海塘的。这两条老街上，城市的各行各业应有尽有，商贸兴盛繁华至极……著名词人柳永在其《望海潮》一词中所写的"东南形胜，三吴都会，钱塘自古繁华。烟柳画桥，风帘翠幕，参差十万人家"，描绘的也是这番景象。但笔者始终以为，要是没有这坚固海塘的护卫，缺少了这道坚实的屏障，那么这东南形胜、三吴都会肯定要逊色不少，而钱塘自古繁华恐怕也会打上一个大大的折扣……

远去的五堡渡口

罗荣生

五堡村整体征迁，使我想起渡口的往事。

我家住三堡，从杭海路东行约四里路，便可抵达五堡渡口。数十年里，我和这渡口结下了不解之缘。

记得幼时父亲因病早逝，母亲迫于生计，便常常从五堡过渡，到南岸沙地农家贷些瓜果蔬菜，再挑回城里叫卖。因为一江之隔，母亲有时赶不上末班渡船，就在我后来的岳父母家借宿。而此时，我们四兄妹就会忍不住一次次奔上堤塘翘首南望，但见江面上风高潮急，一片水雾，哪里还会有渡船的踪影。

“过渡难呀！”每次母亲挑着重担回家，总会发出这无可奈何的叹息。

上小学二年级时，我第一次尝到了过渡难的滋味。那年春节，母亲领我去南岸走亲戚，到得渡口，沿着那条斑驳的栈道顺堤而下，跨上泊于一旁仅能容纳十几人的旧木船。船工撑起风帆摆动橹桨，船便缓缓离岸南行。不料刚到江心，一阵大风突然掠过江面，几个恶浪把小木船掀得东倒西歪，飞溅的浪花

通往五堡渡口的路牌

弄湿了乘客的衣衫，乘客们个个惊惶失色、不安地骚动起来。随着风帆急速降下，把舵老大厉声吆喝：“勿可慌，都蹲下去别乱动！”船工拼命摆动橹桨，才使木船渐离江心缓缓靠近南岸。

当时，南岸尚无栈道，岸边泥沙淤积不能停泊，大家还得花钱坐木头火车上岸。但见两头牛拖一辆车，木头轮子陷入淤泥，发出嘎吱嘎吱的响声颠簸前行。后来听母亲说赶车人与我家是远亲，往来过客皆称其为牛车阿渭。数年后南岸也修了栈道，也就没有了这道风景。公私合营时，渡口则成了杭州钱江航运公司的下属单位。

在岁月变迁中，渡船从新中国成立初的木帆船，20世纪70年代的柴油机木船，直至20世纪80年代后期换成了一次可载百余人的“浙杭州客303”号铁皮轮船，安全系数和运载能力大大提高了。渡口北面杭海路上也陆续开设了农机具、饮食、杂货、种子、理发、修车等各式店铺，人来人往生意兴隆。

早在20世纪60年代末，我娶了江南农家女儿为妻，自此之后，过渡已然成了我们全家的常事。我也先后认识了云初伯、老胡和长根大哥以及小吴等在职员工。记得当时江北岸人家柴火奇缺，岳父母每当为我们筹集好一捆捆棉花秆、芦苇秆，就会运到渡口托云初伯他们落船捎带过来。长根大哥本是我们同村人，早先去我岳父邻村农家做了上门女婿，常拜托他带些零星物品或传个口信给岳父家。小吴在五堡找对象也做了上门女婿，当知道他有沪上亲戚，我们在1984年时曾托他从上海买回一台当时还需凭票供应的“海燕”牌电子管收音机，为孩子们增添了生活乐趣。

20世纪70年代仍是一张船票一角钱，妻子至今难以忘怀，她在1973年5月产后满月回娘家，一手牵着大女儿、一手怀抱婴儿到渡口时，摸遍口袋仅有9分钱，是云初伯给补齐一分钱才得以登上渡船。每当回想起这些

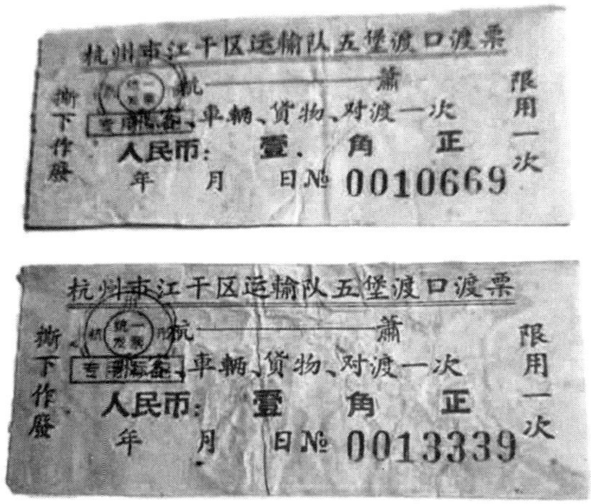

当年五堡轮渡的船票

往事，总觉得好像亏欠了他们太多太多，我们因无以为报而汗颜。

20世纪70年代后期，改革开放的春风吹遍大地。转眼间十年过去，渡口南北发生着日新月异的变化。两岸农户大多盖起了砖瓦楼房，昔日低矮破烂的茅屋全无踪影。其间，南来北往的渡客多以自行车为交通运输工具。自己每次带孩子去岳父母家，大渡轮劈波斩浪，十几分钟即达彼岸。往昔荒凉萧瑟的沙地里，楼群耸立在果木丛中，纵横交错的水泥马路，把农场、村庄和部队驻地连成一片。但美中不足的是，倘若一旦遇上江潮汹涌，大雾锁江或台风肆虐的时光，过渡依然是难上加难。故每次过渡，总企盼这里也能建起一座过江大桥，以彻底解脱过渡之虑。当我在1989年初看到五堡西侧在建的钱江二桥，虽开建还不到一年，却已在江中横空架起钢梁桥墩。高兴之余，我写成一篇题为《渡口》的散文，并为《杭州日报》所刊用。可惜因种种原因，二桥建成后并无人行便道，未免深觉遗憾。

囿于对渡口的不解情结，当我看到三堡船闸建成之初，每遇农历八月十八来此观潮者络绎不绝，在为《杭州日报》写下《运河终端观潮记》的次年，又写了《渡口观潮别有情趣》一文。此文于1990年10月5日见报后，引起众人前往五堡渡口南岸观潮的兴致。事后云初伯告诉我，八月十八那天，不知何故，过渡的人多得忙不过来呢。他自然不晓得，其中的

“罪魁祸首”居然是我！从中也不难想见，随着生活条件的日益提高，连平民百姓也有了对文化精神生活的新追求。

随着1997年初钱塘江上第三座大桥——西兴大桥的建成通车，原本五堡渡口的过客陆续选择经钱江三桥非机动车道往返。曾经历了大半个世纪风雨、远近闻名的五堡轮渡，终至日渐衰微，于2007年6月26日送走最后一班客人后，悄然消失在众人的视野里。然而，有关渡口的点点滴滴，早就深深地印在我的脑海里，一辈子也不会忘却……

抗潮防灾

KANGCHAO FANGZAI

军民合力奋战海塘决口

——1956年抗击台风灾害（之一）

亲历者口述：张志浩（六堡社区），高连福、沈顺法（七堡社区）

整理：潘桂方，沈树楷

1956年，我们沿江地区遇上了一场天灾，经历了一次罕见的大台风，亲历的老人们对这次台风灾害记忆犹新。

1956年8月1日午夜至次日凌晨，5612号台风正面袭击杭州，台风中心风力达12级以上，瞬时风速达每秒34米，来势凶猛。全市普降暴雨，最大过程雨量和日最大雨量分别达689毫米和564毫米。听老人们讲，这么大的台风灾害，这里还从来没有经历过。

1956年8月1日下午，钱塘江上大风一阵紧似一阵，低沉的乌云一块一块，越积越厚，越压越低。明明是下午，天却黑得像是到了傍晚，暴雨一阵比一阵大。一到晚上那是风雨大作，呜呜作响的风声大得真吓人，年纪大的老人也没经历过这样的阵势。雨挟风势，风助雨势，暴雨如注。到后半夜，有的草舍被风掀去屋顶，有的已经被吹塌，中式平房上的瓦片也被风吹得不见了踪影。黑暗中大树被连根拔起，被拦腰吹断的轰然倒地声，加上呜呜的风声，哗哗的雨声，人们听了很是担惊受怕，这老天爷究竟是怎么啦？因那时的农村没有报纸和广播，信息十分闭塞，不能及时掌握这次灾害的进展情况，这天夜里，村子里没有一户人家敢睡觉，全都处在惊恐害怕之中。

好不容易挨到早上五点钟左右，外面风声中传来了敲锣声，只听见七堡乡副乡长周永庆及自由村村主任在喊“海塘被冲坍，全村男劳力到海塘上去抢险”。当时天已稍亮，一听到喊声，各家农户都顾不得自家被风毁损的房屋、草舍，男劳力们都带上扁担、铁锹、土箕，全然不顾狂风大雨和齐膝深的水，都向钱塘江海塘方向而去，争先恐后上了海塘。村民沈阿常当时一听见海塘抢险的喊声后，早饭也顾不上吃，立马就穿上蓑衣、戴上笠帽，扛着铁耙等农具向钱塘江决口的海塘而去。饿着肚子干活到了中午饭点时，才吃上了妻子送来的南瓜充饥。到了晚上，沈阿常回家匆匆吃了点晚饭，然后又快速回到海塘抢险去了。

在强台风和暴雨侵袭下，钱塘江江水骤然上涨，水位最高达9.2米，海塘工程遭受破坏，堤外部分海塘出现决口，海塘堤内也受大水冲击，土地庄稼大面积被淹。根据高连福、张志浩、沈顺法等几位老人的回忆说，当时他们赶到海塘上（即原老杭海路）时眼前的状况令人大吃一惊。就在现在325路公交车六堡站以西，两三百米长的一段塘身已被潮水及洪水拦腰削去，眼看就要全线塌毁，形势非常危险，海塘外大浪一个连一个泼进来，还时不时漫过堤面，而海塘内侧的土地已被冲进来的潮水、洪水淹成汪洋一片，住在塘边上的洪长根、高阿毛、余其仙等近十户人家的草舍已被潮水冲得不见踪影，好在人员已在上半夜疏散了。

台风袭来后，首先抢修海塘江堤，这时最要紧的是阻挡住时不时漫过堤来的江水，保护塘身缺口不再扩大。而眼下最缺少的是抢险物资，像草包、麻袋等。当时周永庆乡长当机立断，一面要蒋毛银、高阿毛等人动员农户回家取门板，一面要郭金法继续敲锣，到隔壁正谊村、六甲村召集抢险人员。同时，他又派专人立刻向笕桥区委、区政府汇报灾情，请求支援。当时没有通信工具，也没有交通工具，去笕桥跨塘庙方向的路窄小又泥泞，相当难走，那人一路小跑艰难前行。赶到区委、区政府后，向区领导汇报了海塘上决堤的情况。区领导听了汇报后，随即向杭州市委、市政府做了汇报。

8月2日，市领导调集大批解放军官兵前来抢险，调拨抢险物资如塘柴、木桩、麻袋等送往出险地点，海塘工务所技术人员在当天十点多也急速赶到抢险地点。而在海塘上抢险的农民，在农业社领导蒋毛银、高阿毛、傅如根等人带领下。用农民家中取来的门板、木板、床板等采取阻挡江水涌进塘内，即前面用门板挡，后面用人墙顶的办法阻挡潮水冲进来。有6000多名解放军官兵、工人和农民齐心协力，终于堵住了江堤决口。

解放军官兵一到，立即投入海塘决口抢险，在海塘的外侧底填土垫塘柴，再打上木桩固定住塘柴，然后在上面用灌了土的麻袋垒起来，因当时塘内已被水淹没，取土困难，而当时又无电力和机械设施作业，全靠人工到比较远的地方去挖土，然后肩挑背扛运到现场。军民共同努力，心往一处想，劲往一处使，经过五天五夜、日夜不停地连续作战，终于将钱塘江海塘决堤的口子给堵上了，圆满地完成了这一抢险任务。

在这次抢险中，基层干部临危不惧，当机立断，带头苦干，为抢险带了好头。市委市政府、区委区政府也十分重视，措施果断迅速，快速调兵遣将、调拨物资，功不可没。再加上当时农民觉悟高，听到抢险锣声，都不顾小家，冲向海塘抢险，还无私拿出家中门板、木头、床板等用于抢险。而且这五天五夜全都是义务抢险，没有人提出要工钱，也没有人有任何怨言。最要感谢的是解放军官兵，哪里有困难、有险情，都离不开人民的子弟兵。

8月2日下午，在前线决战海塘决口的同时，部分农业合作社的干部还在后方安抚受灾的村民。他们把在这次台风中房屋受损倒塌的老弱妇幼等人安排到村公所、乡公所、五堰庙小学及有坚固房屋的社员家里去避险。等大水退了以后，又带领村民对倒伏的络麻扶起来再培土，经生产自救后的络麻长势也特别好。这次大灾害，损失是相当大的，于是政府又拨下救灾物资和肥田粉等。倒塌的草舍要重新建造，受损的房子要修复，这一切都在当时农业合作社干部的帮助下妥善解决。幸好当年已是高级社了，抗灾能力比前几年单干时要强多了。

这次台风造成的灾害损失相当严重。据资料记载：台风侵袭期间，全市输电设备遭到破坏，部分地区用电和电话一度中断，大部分工厂和手工业合作社被迫停止生产、商店关门、仓库倒塌或被水淹物资受损。江干、下城及近郊受灾最为严重，建筑工地的工棚几乎全部被吹光，98所中小学校舍受到不同程度损坏，钱塘江130余只木船被打翻或撞碎。面对台风严重侵袭，市县紧急动员，迎战台风，抗灾抢险，妥善安排灾民生产生活。台风到来之前，市人民委员会紧急布置普查住房，加固危房，动员危房居民2.8万余人迁移至安全场所等任务。各街道、居民区组织通宵巡逻，工厂企业按系统布置抗台，郊区组织社员抢收早稻9000余亩。

这一次大灾之后，钱塘江海塘管理部门马上进行了大规模的海塘建设，在六堡以西，在当时杭海路的外侧，贴着杭海路造石砌护坡，先是干铺，然后逐渐完善，这条石塘是高于杭海路，而在六堡以东七堡段，因在杭海路外侧有空余地和沙滩，就离开杭海路新建一条包皮大堤，外侧也用石砌护坡，这条大堤塘比杭海路要高得多，起到了很好的防护作用。

经过这次大规模海塘建设后，钱塘江江干区段再没有发生过险情。

江边人家不看潮

宋知文

桂花飘香，朋友老吕远道来访。老吕是位资深驴友，祖国大好河山几乎皆有踏足。他此次大驾光临，不为西湖云山，乃为一次践约。两年前，我特邀他来观赏闻名中外的钱塘江大潮——自命阅历丰富的他却尚未见过天下奇观钱江潮。

我家门口不远，便是江边。时值农历九月初三，正是潮汛。午后，潮水如约而至。从远处的一道细细白练，到近处翻滚的白墙，及至眼前，惊涛拍岸，汹涌狂野，潮头撞击堤坝，激起的浊浪腾空冲天。大潮磅礴的气势，叫人为之心惊肉跳，看得老吕不禁感叹："果然壮观，壮观！老弟足不出户，便可常见如此奇景，实在是幸事！"羡慕之情溢于言表。

我不禁淡淡一笑。老吕有所不知，其实，我们江边人家，不少人是不爱看潮的。

是见多不怪？是漠不关心？或是有些文化人说的"视觉疲劳"？——都不是。常人不会知道，大潮华丽的背后，隐藏着一份不羁的狂野。它一旦发起飙来，带给江边人的，是灾难，是难以抹去的伤痛。

我的邻居海根大爷经常念叨一句口头禅："民国三十七，大水没寮檐。"海根大爷八十有零，世居七堡老镇。70多年前的一次潮灾，至今难忘。"民国三十七年（1948）九月，这天早上五更头，只听江上传来隆隆声，我们晓得是夜潮来了，听惯了，也没在意。又感到今天的声音有点不一样，越来越响，还夹杂着‘乒乒乓乓’的声音和人们的惊叫声。没等回过神来，我家大门‘嘭’一声，往里翻倒，一股大水扑进家门。原来潮水又扑进埂头（江堤）了。我阿爸连忙抱起我们小孩，蹚水来到外面，看到街上已经一片汪洋。水已漫到腰上。街上漂浮着木盆、鞋子、衣裳、凳子……黑暗中只听得哭爹喊娘，一片嘈杂叫声。忽然邻居忠林伯一声‘不好’，连忙回身冲进屋里。原来他当时只顾逃命，忘记抱出他两岁多女儿了。这时听到忠林夫妻一阵叫声和哭声——女儿在床上被水冲走，淹死了。罪过！……”

这起潮灾，后来的史料也有记载。《杭州市政府1948年水灾救援》载：“9月6日，凌晨四点许，钱塘江潮水击毁江塘，冲入七堡镇。未及半小时，街上水深及胸，棚屋冲倒，什物漂没，一名妇女、两名儿童被潮水卷去。”当天下午，日潮再次袭击七堡，老镇又淹没于潮水之中。店铺商品遭损，杭海路多处被冲断，方圆十余里一片汪洋，庄稼绝收。

“说起潮水，就想起过去的灾难，心里痛啊！”海根大爷说，“所以我不要看潮水。”

宝华也不要看潮水。“我老爹就是死在潮水里的。”

四村八乡人都知道，当年，宝华爸是为了“抢潮头鱼”，逃避不及，丧命于潮水之中的。

“抢潮头鱼”，是江边人们的传统习俗，也是一种钱塘江特有的捕鱼方式。大潮滚滚，江中的鱼往往被潮头击昏。潮头卷着被击昏的鱼，常常诱惑一些勇敢者迎潮抢捞。“抢潮头鱼”确是勇敢者的游戏！捞鱼人一丝不挂（穿着衣服累赘），手持网兜，在潮头前要看准鱼儿，兜住后快速返身，与潮头赛跑，拼命逃回岸上。这些动作要一气呵成，稍有迟缓，未及上岸，就被潮水卷走。若不是为生计所迫，不大会有人冒险做这个营生。

宝华爸那天就是逃避不及，一个大浪，被潮水卷走。宝华当时年幼，他妈和几个亲戚邻居，哭喊着沿江寻找，直到傍晚，在下沙的芦苇荡里找到了宝华爸，但已经没气了。

自此，说起潮水，宝华心里就黯然伤心……

再说一件最近的事。2007年8月2日16点30分，七堡丁字坝发生一起潮水卷人的惨事。30余人被潮水卷走，其中22人被救，12人遇难，这件惨事经中央电视台报道，迅速传遍全国。

事件发生时，国富就在现场，眼睁睁看着十几条鲜活的生命瞬间成了水中冤魂。

这天，国富和几个工匠在七堡盘头修理石坎。下午，几拨外地青年在江滩上玩耍嬉戏。三点光景，从塘里又来了七八个少男少女，听口音是外地人。其中一个姑娘，身材适中，五官端正，一身淡绿的裙子衬得皮肤格外白皙。国富当时还是毛头小伙子，“绿裙子”的绝色漂亮，他不禁多看了几眼。他眼看着这几个姑娘小伙子翻下江堤，在江滩上追逐玩耍。

四点多，潮水来了。今天的潮水看起来不大，那些外地人站在丁字坝上眺望观赏，还不住对着潮水嬉笑吼叫，丝毫没有逃退的意思。国富世居江边，知道潮水的厉害，他和同事急得直喊：“快逃——危险——”外地人没有理会。潮水很快来到坝前，刚才看起来膝盖高的潮水，撞到盘头，猛地掀起冲天的大浪，坝上的人瞬间被吞噬，卷走……

国富和同事马上冲入江中，搭救落水的那些人。可惜，有几个已经遇难。遇难者尸体横躺在江滩上，国富看到了其中的“绿裙子”。刚刚还是一个楚楚动人的花季少女，现在却成冷冰冰的阴间幽魂，怎不叫人长叹痛惜！

自此以后，政府加强了钱塘江的防护措施。国富参加了沿江巡防队。

别人羡慕他可以天天看潮水，其实他的愿望是：不能再让“绿裙子”的悲剧重演了。

老吕听完我的这番讲述，若有所悟，说了一句颇有哲理的话：“自然界有些东西外表看似美丽，背后却有凶险和危机的一面。”

江边人家不看潮。他们面对潮水，不是单纯的观赏，而是一种对自然的敬畏！

漫说钱塘江岸线变迁

张杭平

钱塘江，古名浙江，最早见于《山海经》。此外还有制河、浙水等名称。当时仅指流经钱唐县境的河段；因江流曲折，风涛险恶，又有罗刹江、曲江、之江等名称。

（一）

钱塘江发源于安徽省休宁县，有南北两个源头，北源为新安江、南源即兰江。对此，在不同的历史年代有不同的说法：如《山海经》《水经注》及民国版《重修浙江通志稿》中，多以徽港为正源；而明、清时期，也曾有新安江、信安江（徽港）、东阳江（婺江）三源，以及衢港、徽港两源之说。

直至20世纪80年代中期，省内有关专家根据科学量算数据、实地考察情况及历史文献资料，按照河源唯长、唯远的历史习惯，确定北源新安江是钱塘江的正源，河长按源头起量计，到河口入海处，全长605千米。因兰江集水面积为新安江的1.67倍，故确定兰江为钱塘江南源。北源新安江源出休宁县六股尖东坡，源头海拔1350米；南源兰江发源于休宁县青芝埭尖北坡，源头海拔810米。两源在建德市梅城汇合后称富春江（梅城至桐庐的富春江河段称七里泷，又称桐江）。富春江在萧山区闻家堰镇小砾山右纳入浦阳江后称钱塘江，经口门（上海南汇区芦潮港闸与宁波镇海区外游山的连线）注入东海，河段长207千米。近代以钱塘江统称整条河流，此为广义之钱塘江。而闻家堰以下之钱塘江，虽相对狭义，但其历史更为源远流长，积淀更为厚重。

（二）

随着沧海桑田的历史变迁和江流、潮浪对泥沙的冲刷淤积，致使钱塘江河口段两岸岸线地貌发生变化，当时的南北岸线分别在萧山、坎山、瓜沥、百官、临山、浒山、龙山一线和转塘、赭山、澉浦、玉盘山、大小金山、漕泾一线，乍浦以南为一片沃野，西段岸线大致在海宁的尖山、萧山的青龙山、江干的笕桥和西湖区的古荡一带，泾流、潮流出入于赭山、青龙山之间。直至五代吴越国时，钱镠（852—932）为固杭州城基，筑成钱氏捍海塘，其走向自六和塔至艮山门长338593丈，亦可作为当时钱塘江杭州段岸线的参考佐证，而艮山门至机神村断塘头相距不远，有塘线相连，再接走马塘，坊间百姓口传，合情合理，当可取信。

至于捍海塘以东和走马塘以南的塘线走向及变化，虽无史料详载，但民间口碑资料多有积累；即今观音塘至南肖埠至三里亭历史上曾筑有堤塘，而走马塘以南则有皋塘、新塘、月塘、赤龙塘、彭埠等地名均可作为佐证。南宋时期，海外贸易繁盛，依托海塘作泊船码头和运输通道，由于江涂淤涨，塘线也逐步东移至现在的秋涛路三廊庙一带。清代康、雍、乾时期，随着著名的“鱼鳞大石塘”——杭州海塘建成，江干的海塘即稳定在现今的秋涛路、杭海路一线。20世纪50年代后，大规模开展缩窄江道结合围涂工程，从杭州闸口到海宁下十堡之间60余千米江段缩窄至1—4千米的宽度，才形成现今的岸线。20世纪90年代，杭州市还建成钱塘江高标准海塘174.69千米，其中北岸海塘65.55千米。

（三）

钱塘江自闻家堰至澉浦为强潮河段，河口宽浅，水动力条件复杂；因受天文、地理、气候等多种影响，潮涨潮落，周而复始，水流往返搬运的泥沙沉积在河口段。长期的水沙运动，河口内堆积成庞大的沙坎群，使由疏松轻亚黏土和粉砂土组成的河槽和岸坡极不稳定。由于主槽摆动不定，两岸滩涂坍涨无常，有时甚至速度惊人。自唐宋以来，钱塘江时而南侵，吞食萧山坎山与赭山之间大片土地房舍；时而北摆，危及海宁城南大片沃土良田。史志记载有：宋代“盐官县海失故道”，元代海宁3次“海岸崩摧”，明代海宁“海凡五变”等岸线坍涨的变迁。直至清乾隆年间，江流、海潮改走北大门亹，江槽摆动范围仍相当大，两岸淤坍仍变化无常。

钱塘江河口段江道主槽，历史上曾发生多次变迁。主槽的最大变迁当数明清之际的“三亹变迁”。所谓“三亹”即为钱塘江南岸萧山坎山与北岸海宁之间的3条入海通道，分别是南大亹、中小亹、北大亹。南大亹在坎山、赭山之间，江宽6.2千米，两山对峙如门，古称海门，形成于唐初；中小亹在赭山、河庄山之间，宽1.7千米；北大亹在河庄山与海宁海塘之间，宽10.8千米。江流主槽变迁分为先入南大亹，二走中小亹，三迁北大亹这三个阶段。

明末清初，南大亹淤废，江道改走中小亹。至清康熙五十九年（1720），江道由中小亹全部移至北大亹。乾隆十二年（1747）人工开通中小亹，安流12年后，至乾隆二十四年（1759），中小亹再次淤塞，江流海潮又复归北大亹。“三亹”演变，反映了钱塘江杭州与尖山之间河口段江道岸线的变迁过程，以及北岸冲蚀、南岸淤涨的自然趋势。而钱塘江河口段江道改走北大亹，迄今已有250余年的历史了。

漫谈江干的气象灾异

寿绍武

我1953年来到父亲身边读书，67年来从没有离开过杭州，其间有好几个时间段，住在江干，还从事过一段时间的气象科研工作，对江干风雨旱疫气象及自然灾异，多少有些耳闻，甚至也有亲历的，也看到过一些资料。在此，想谈谈有关江干古往今来的疫、虫、风、旱、涝等灾异。

大概说说

“上有天堂，下有苏杭”。就历史和当下总体气候来说，江干是一块福地宝地，自然灾害不多，风调雨顺，宜居宜业，经济发达。所以人们常喜欢以“金江干”三字相爱称。

但是因为江干地处中纬度欧亚大陆东海岸，距东海300多千米，大陆性气候特征明显，又受季风影响，台风、雨涝、干旱、冰雹、大雪寒潮，以及由此带来或单独发生的疫、虫等自然灾害，还是有一些的。这些灾异年际间或交替，或间隔出现，也有在一年或相邻两年内，轻重各有不同的，两种及两种以上灾害先后轮番光顾。

据《杭州气象志》（1999年10月版）中所载“气象灾害年表”，自有纪录的东汉（203）起至新中国成立前，这当中1700多年间，发生在杭州地区涉“疫”“大疫”“虫”约有82次；杭州市区（以旧时钱塘、临安、余杭，仁和等地计，不含萧山、富阳、淳安、建德等）干旱113次，雨涝164次，风、雹、雪、冻等合计41次。以上可见“疫”“大疫”“虫”所占比例仅约20%，而且“虫灾”发生时，往往与干旱连在一起，“病疫”发生时往往受到或“雨涝”或“干旱”影响。所以有气象专家分析认为：“在自然灾害中，百分之九十是气象灾害。”

在农耕社会，靠天吃饭，恶劣的气象条件、病虫灾疫，常给农业生产和社稷国运带来灾难和苦难，有时甚至是毁灭性的。清之前的历朝正史方志记载中，不乏“人相食”“饥殍枕路”等字眼，触目惊心，不忍卒读。历史进入20世纪，特别是新中国建立以后，直至进入工业化、城镇化时代的70年间，农业基础设施、医疗卫生条件改善，抵御自然灾害（病虫、气象灾异）的能力极大提高，有的病虫疫情已经消失，但特大气象灾害仍时有发生，损失依然十分严重，已为人类消灭的虫害偶见死灰复燃，新的病疫也有惊现，如2003年的“非典”和这次的新冠肺炎。但是，因为时代的进步，物质条件的改变，病虫及气象自然灾异，还会以与往常不曾有过的景象和状态出现，时不时影响民生，在城建、商贸、交通、物流、电信及电力、供水、供气、医疗卫生、公共事业，甚至教育、科技等方方面面影响深远，成为新的挑战。所以，对于病疫虫疫（传染病、生物侵害）及气象灾异，不能不加以密切关注和防范，在城市建设、社会发展中要通盘考量、科学规划，在公共管理上应有相应对策和周全预案。

台风暴雨

以我的观察，诸气象灾异在江干人们的心目中，首推夏秋季的台风。这是因为台风差不多每年都会来报个到。有时久旱逢甘霖，送些风雨来凉快凉快，给花木浇点水，不亦贵乎，不亦乐乎；而有时台风像匹野马，在温州以北登陆后，直往江干撞来，摧枯拉朽，在短短几小时内把你糟蹋一番，还真有些受不了。

比如，1956年的12号台风，在象山登陆以后，正面袭击杭州，最大风力达34米/秒，日雨量达200毫米以上。拔树倒屋，海水倒灌，从乌龙庙到七堡一带的塘堤多处溃塌决口，村里干部组织群众紧急抢险，但仍没有挡住，农田成为泽国，络麻、蔬菜等大面积受淹，草舍倒塌，粪缸浮起，幸无人员伤亡。现在的杭海路就是那次遭遇决口的旧堤塘，那次台风过后，往外推出数十米，又新筑了标准海塘。

1956年我十四五岁，正好住在钱塘江边，目睹了5612号台风对江干的肆虐。我曾写有《忆一九五六年的“八一”特大台风灾害》一文，刊于2011年6月江干区政协、区文广局编印的《钱潮回声》一书，这里就不赘述了。

又比如，1988年8月7日的8807号台风，是江干人记忆犹新的又一次灾难。那次台风，最大风力11—12级，全市普降大暴雨，市区雨量达111毫米。笕桥机场测得最大风速为35米/秒，比5612号台风还厉害。一夜之间，市区面目全非，江干一带也折木倒树，停水停电停通讯断交通。那一天，我小儿子正好大学毕业，要到市政府报到，从武林门一直走到人民路，市府工作人员都去抗台了，报到不成，又走回武林门。据有关部门灾后调查统计，钱塘江沿岸的海塘多处出现险情，江干区内断水断电断交通，4列铁路客车44列货车被卡，民航全部停航，内河航道全线中断，387艘大小船只沉没。杭州全市伤亡491人，其中死亡37人，直接经济损失4.81亿元。是1949年以来对杭州市影响较大的几次台风之一。

据《杭州气象志》记载，自1956年至1995年，影响杭州的台风大小小共有85个。而其中比较大的台风在浙江登陆的计有17个，过程雨量超过200毫米的计有11个。

雨涝干旱

我们这代人小时候，大人们说起水灾，总是讲民国十一年（1922）如何如何。据查1922年，全省范围水患确实严重，杭州则现苕溪泛滥。坊间传说，西险大塘溃坝，导致杭城内涝，官巷口水深一尺（但此事在史籍上并未得到证实）。而对江干来说，却是1926年4月梅雨时期，钱塘江水发，江干淹没附郭，灾情应重于1922年。又1931年钱塘江北岸杭县二堡至七堡一带，农田均被淹没。同年夏雨弥月，江河暴涨，沿江沙田崩陷万余亩，灾民万人，又逢风雹为灾，冲毁茅舍700余间，淹田175000余亩，毁堤塘2000余丈。1948年，杭州9月6日狂潮，淹没房屋，漂流人民2000余人毙3人，冲去草棚、瓦屋180余间，被淹农田1200余亩，损失金圆券1万多元。这些倒是史料上记录在案的。

新中国成立以后，1954年特大涝灾，梅雨期长，梅雨量是常年的四至五倍，梅雨量多达1136.5毫米，造成杭州市大范围洪涝灾害，时间之长（达77天，比往年多54天），降水之大是世纪罕见的；1973年全市连降大到暴雨，造成洪涝灾害，被淹农田48.61万亩，损失粮食8510千克，冲毁水利设施2085处，冲走木材519立方米，倒房530间，死亡32人；1980年6月26—27日连续两天雷暴天气，郊区有冰雹，26日九堡、丁桥、笕桥等地遭受了不同程度冰雹袭击，丁桥、笕桥二公社800多亩络麻遭冰雹袭击损失20%，5000亩左右水稻也受到不同程度影响；1983年全市大雨暴雨，据7月1日统计，受灾87万亩；1984年1—2月三次大雪，最大雪量56.7毫米，对江干危害严重。

据杭州市气象台专家分析：杭州市区洪涝平均1.4年一遇，频率与临安、富阳、萧山相等。

与雨涝对应的是干旱。受大陆性气候的影响，江干的干旱也时有发生，主要是伏旱和秋旱。伏旱每4年一遇，秋旱3年一遇，伏秋连旱约7年一遇。这是以一定的标准统计的气候规律，而在民间所记忆的干旱，则常以重大干旱年个例为印象深刻。

早年老人们总是讲民国二十三年（1934）如何如何。这在史籍上确有记载。1933年自农历六月十四日起不雨，至八月初三方雨，父老谓与咸丰六年（1856）旱灾相同。1934年全市大旱，河道干涸见底，田土龟裂，上塘河更甚，至引钱塘江水灌溉。又，1937年余杭干旱，在杭州闸口大通桥安装抽水机，灌溉杭市及杭县东南部农田。而这之前，1926年8月8日，田气亢旱，杭州饮水困难，用马达吸引江水入城河，以应急需，在史籍上早有记载。

新中国成立后，1978年伏旱连秋旱110天，钱塘江上游来水量锐减，下游咸潮上溯到闻家堰以上。杭州市民吃咸水108天之多；1994年5—6月洪涝，8月19—22日17号台风，钱塘江海塘多处遭到破坏，6月又逢干旱高温，因钱塘江水位低，咸潮倒灌，迫使南星桥清泰水厂降压或停止供水。伏旱到8月17日17号台风影响才缓解；1995年3—5月暴雨洪涝，6月25日5时新安江水库达107.89米水位，被迫于当天15时12分开闸泄洪，沿江洪涝灾害严重，有766个工厂停产，后又有高温干旱，有15.67万人饮水困难，从8月至9月下旬咸潮上溯，市区水厂降压供水，造成市区大面积供水不足，水质下降，影响到部分企业的生产和居民生活。

由上可知，雨涝和干旱对经济和民生的影响是何其重大。所以人们与自然之抗衡斗争也未曾停止。古有“钱王射潮”“大禹治水”等传说，更有钱塘江大堤、西湖疏浚等伟大水利工程，抗旱排涝，对江干有着无比重大的保护作用。2000年前后，在城市化进程中，杭州实施了西溪湿地保护、钱塘江水引入西湖、西险大塘稳固、三堡船闸、钱塘江水系保护、城市下水道管路等工程建设，在气象领域充分应用了人工降雨技术、自动气象检测系统、气象雷达、气象卫星，以及云计算、人工智能、大数据等，开展科学精准的城市管理系统建设，等等。这些人类智慧的伟大结晶，这些举世瞩目的科学与技术的进步，长久地保护着江干人的生命财产安全，保证人们的安居乐业，展现了一幅幅奋勇拼搏、乐观向上的美好画卷。

钱塘江涌潮与弄潮儿

黄寿波

八月涛声吼地来，头高数丈触山回。
须臾却入海门去，卷起沙堆似雪堆。

八月十八潮，壮观天下无。
鲲鹏水击三千里，组练长驱十万夫。

一痕初见海门生，顷刻长驱作怒声。
万马突围天鼓碎，六鳌翻背雪山倾。

罗刹江头八月潮，吞山挟海势雄豪。
六鳌倒卷银河阔，万马横奔雪嶂高。

滚滚长江去复回，蛟龙飞处响如雷。
万千人尽回头望，一片银山驾海来。

以上分别是唐代刘禹锡、宋代苏轼、元代仇远、明代张舆、清代刘廷玑等五位诗人描写钱塘江涌潮的诗篇。钱江潮自古被称为天下奇观。下面试介绍钱塘江涌潮、弄潮儿和弄潮儿精神这三个方面。

钱塘江涌潮

世界上有涌潮的河流很多，如南美的亚马孙河、北美的科罗拉多河、法国的塞纳河、英国的塞文河等。但钱塘江涌潮的强度和壮观景象，除亚马孙河外，其他河流均无法与之媲美；亚马孙河涌潮的强度与钱塘江虽可一比，但钱塘江河口摆动频繁，涌潮潮景变化万千，可说是独占鳌头，无与伦比。

钱塘江涌潮时，巨浪汹涌澎湃，气势雄伟，潮声震天动地，势如千军万马，横江翻腾，真有“翻江倒海山为摧”之势。潮头一般高1至2米，最高可达5米以上。以每秒5至7米的速度浩浩荡荡向上游挺进，势如破竹，蔚为壮观。

涌潮在天边出现时，若素练横江，“漫漫平沙起白虹”，待涌潮长驱直入来到眼前时，又有万马奔腾之势、雷霆万钧之力，势不可当；涌潮的变化又是“涌若蛟龙斗，奔如雪雹惊”，“雷震云霓里，山飞霜雪中”，呈现出“海面雷霆聚，江心瀑布横”的景象。古往今来，钱塘江涌潮正是以其磅礴的气势，赢来了千千万万的观潮者。

历史上，有关钱塘江涌潮的记述很多，历代文人墨客留下了大量的诗词歌赋和画卷，成为我国文学艺术宝库中的宝贵财富。

弄潮儿

什么是弄潮儿？弄潮儿原意是指朝夕与潮水周旋的水手或在潮中戏水的少年。“弄潮儿”三个字最早见于唐李益的《江南曲》：“嫁得瞿塘贾，朝朝误妾期。早知潮有信，嫁与弄潮儿。”

北宋潘阆的一曲《酒泉之》，描绘了当时观潮的场面，那时弄潮已很盛行。“长忆观潮，满郭人争江上望。来疑沧海尽成空，万面鼓声中。

弄潮儿向涛头立，手把红旗旗不湿。别来几向梦中看，梦觉尚心寒。”

南宋是我国历史上观潮鼎盛时期，当时的观潮与现在的不尽相同。现在的观潮主要是欣赏涌潮的气势与变化万千的景象。南宋时的观潮别开生面，八月十八，涌潮较大，除观潮外，又是朝廷检阅水师的日子，还要祭奠潮神。最精彩的还有弄潮表演，充满了节日的气氛。

八月十八这一天，首先是检阅水师，然后祭奠潮神。当涌潮越过海门，向临安挺进时，天边出现一条玉带，缓缓向前移动，涌潮的响声隐约可辨，继而逐渐明显，涛声震耳欲聋。潮头即将来到眼前。

早已等候在江边数百名披发文身的“弄潮儿”（游泳好手），见涌潮临近时，腾身跃入江中，有的手执彩旗，有的撑开红绿小伞，踏浪翻波，腾跃百变，千姿百态，高高昂起的潮头猛扑过来，伴之以雷鸣般的冲击声。潮头所到之处，浪花飞溅。弄潮儿争先恐后，迎着潮头，冲进波涛滚滚的激流，从波谷跃到波峰。又从另一个波谷，跃上第二个波峰，犹如条条蛟龙在水中嬉戏。这正是“弄潮儿向涛头立，手把红旗旗不湿”。

宋时的弄潮体现了弄潮儿的胆量和高超的游泳技术，是一种非常出风头的事。许多年轻人不惜性命，争相参加。弄潮回来，出人头地，人们以“英雄”相待。临安天街两旁人们夹道欢迎，锣鼓喧天，好不威风。

弄潮儿精神

由上可见，南宋时的弄潮儿有下列特点：一是他们站在观潮人前列，敢干敢闯，勇往向前，不畏艰难，不怕牺牲；二是他们的游泳技术高超，

这是他们不断进取，开拓创新，实事求是，科学训练的结果，

现在，不少人认为，弄潮儿已成为“勇敢有进取精神的人”的代名词。本人认为，弄潮儿不仅仅是有“勇敢”“进取”的精神。他们是一批不畏艰难，不断进取，开拓创新的人。他们是跟着潮流走的人，用现在的话说，他们是站在时代前列，敢闯敢干的人。他们是在大风大浪中搏击风浪创事业的人。

因此，我认为，弄潮儿有两种精神。一是敢干敢闯，勇往直前，不畏艰难，不怕牺牲的精神。二是不断进取，开拓创新，实事求是，科学发展的精神。

2016年9月3日下午，习主席在G20工商峰会开幕式上发表主旨演讲时，特别引用了“弄潮儿向涛头立，手把红旗旗不湿”，倡导二十国集团勇做世界经济的弄潮儿。

钱塘江两岸人民，正站在新时代新起点上，以习近平新时代中国特色社会主义思想为指引，弘扬新时代弄潮儿精神，使钱塘江文化与时俱进，璀璨绽放，为中国特色社会主义文化繁荣做出贡献。

水火两劫难

——听一位老人回忆七堡遭受的两次劫难

宋知文

秋季的一天，受家住七堡的朋友之邀去看潮。在友家，偶遇陈天兴大爷。陈大爷土生土长在七堡老街，虽年届87高龄，但精神矍铄，思路清晰。聊起七堡以及钱塘江的掌故，陈大爷如数家珍，滔滔不绝。

“你们来看潮水，真的不是时候。如果说起经济条件，你们年轻人确实赶上了好时候；但说起看潮水，你们是比不上我们啰！我们小辰光，七堡盘头外面的潮头，哪次比草舍还小？潮水扑进埂头，是蛮平常的事。哪像现在的潮水，温吞吞的，好像过去灶头上的汤罐水。”

他见我们脸上羡慕的神色，却一点都没有得意的样子。他说：“你们不要眼热，大潮水是蛮好看，但它的苦头，你们没有经历过的人是不知道的。过去我们江边的人家可是吃煞了潮水的苦头。顶大的潮水，翻过埂头，扑进七堡，房子进水，街上可以撑船，还淹死人呢！”

钱塘江大潮气势磅礴，翻江倒海，不假，这个举世闻名。但要说潮头如过去的草舍般高，还翻过江堤，浸泡堤内的七堡镇，那未免有点玄乎和夸张了吧？见我们质疑，陈大爷说开了：

“就说四八年的那次潮水吧！那是1948年，钱塘江里很奇怪，入秋以后，随着潮水大起来，江北的沙滩连牢坍塌。大家晓得这是又要坍江了。几天工夫，就向里面坍进了半里多远，眼看很快要坍到七堡南面的边皮了。

“9月6号，大概是阴历八月十八，正是一年当中潮水最大的日子。那天五更头，我被一阵轰隆隆的声音吵醒。仔细一听，也不像打雷，方向是从南边的江边传过来的。我知道是夜潮来了。但那天的潮声和平常的不一样，声音格外响，一直不停，而且越来越响，越来越近。我一想不好，难道潮水又扑进了埂头？刚在想，‘轰——’一股水扑进了我家大门。门板都被扑坍了。一时家中水漫金山。家里人惊慌失措，乱成一团。我阿爸连忙摸黑抱起小人，招呼大家逃到外面去。

“蹚着水来到外面，街上已是汪洋一片，木盆、衣裳、鞋子、凳子都浮在水上顺水漂。满街都是惊叫声。惊魂未定，忽然听到一户人家里传来凄惨的哭声。原来那户人家因为天黑和忙乱，逃到外面后想到家里还有个毛毛头，连忙回到里面想抱出来，但找不到了。不晓得什么时候毛毛头被潮水冲走了，不见踪影。真是罪过！

“等到天亮，才晓得七堡周围方圆十里都被潮水淹没，只见镇上村坊一片汪洋。这是夜潮。下午，夜潮的水还没有退光，日潮再次扑进埂头。日潮比夜潮更大，靠近埂头的几间草舍都被扑倒，七堡到四堡的杭海路也被冲断。听人说有三个人被冲走，后来一直找不到。七堡街上商店的商品，还有村坊地上的庄稼都被咸的潮水浸泡，损失真当重！”

听到过去有如此大的潮水，并且大潮祸及江边的居民，大家心中不由得暗暗惊叹。陈大爷继续说：“这个潮水扑进七堡是天灾，虽然痛心，那是没有办法的。最恨的是1938年的那场火灾，那场火灾真的叫七堡人、七堡镇都遭了殃！”

刚才听到了七堡曾经遭受的一次水灾，现在陈大爷又说到了火灾，都不禁有点好奇。有一人问：“七堡遭受火灾？大吗？怎么烧起来的？”

陈大爷道：“大！怎么不大！烧了整整一个晚上。都是那帮短命日本佬做的绝事——

“1938年正月二十五，老百姓过年还没过完呢！记得那天中午，天阴沉沉的，很冷，风也很大。忽然，一队日本兵闯进了七堡。当时在大王庙前的街道边有一排小摊，卖各种各样的杂货。日本佬来到一个小摊前，看见地摊上有一把军用水壶，突然‘八格八格’地大叫起来，跳上去将摊主团团围住，扭铐起来，咬定摊主是‘支那兵’。那个摊主还没争辩，有日本兵就挺起枪上的刺刀刺向摊主。还不够，扭住摊主的日本佬放下摊主，一个日本佬抱着一根‘火烧筒’（火焰喷射器）到摊主面前，对准摊主就喷火。摊主霎时变成了一个火人，他痛苦地乱叫着，乱跳着。日本佬还不停手，继续喷火，大火点着了后面临街的房子，顿时房子烧起。因为天气干燥，加上正刮大风，大火很快蔓延开去，街上成了一片火海。这场大火整整烧了一夜。”

有人不解地问：“那没有人救火？”

“火借了大风，势头越来越大，根本就不灭。况且那帮日本佬在这里，不让救的，而且当时也没有人救。因为日本佬都把人抓起来了……”陈大爷顿了顿，继续说：“日本佬点起这把大火之后，把大王庙直街东面的麻站抢光，又把这里作为他们的据点，继续扫荡七堡。他们到处抓人，我阿爸用锅子灰搪黑了家里女人的脸，要她们先逃。她们从洋桥旁蹚水逃到江边。但我们来不及逃出，被日本佬抓到小学集中。当时小学是个圆形，外面一圈是房子，中间是操场。小学里已经关了好多人。日本佬很坏的，看到样子好点的女人就拖到里面先强奸。对一些壮年男人就无缘无故地拷打，还吊到旗杆上。打厌了就一枪毙了。看得大家心惊肉跳。我后来都吓得好长时间睡不着觉！”

“据说，日本佬这次到七堡扫荡、放火、杀人，是因为前几天在乔司吃了亏，特地到这里来发泄的。”陈大爷解释说。

陈大爷的故事说到这里，朋友看了看时间，说潮水也快来了。出到外面，看着斑驳的老街上高低错落的老房子，狭窄的街弄，如果没听过陈大爷的故事，真想象不到其背后的沧桑。

走在这沧桑的老街上，我心里有点沉重，连看潮的兴趣都没有了……

沿江习俗之喊潮

王水罗

说起“喊潮”这个习俗，话可就长了。

“喊潮”又叫“报潮”，一直以来都在钱塘江两岸流传，是沿江老百姓在与潮水的长期抗争当中，为保护生命财产和一方平安而演变形成的一种独特习俗。这种习俗，从一定意义上讲，其实更应该看作是老百姓自发而成的义举，一种朴实淳良的民风。

现在的杭海路，其路基就是紧靠钱塘江的那条海塘（范公塘）。那时翻过海塘，大都是一片片草塘和沙滩。而从三堡到五堡这一段，海塘外侧几乎没有什么滩涂，江水可直接漫到海塘脚下。旧时，堤塘失修，水利工程严重缺失，潮水成灾，坍江的事经常发生。一会儿坍江南，一会儿又坍江北，防不胜防，给沿江百姓和渔民、船户带来很大的威胁，老百姓叫苦不迭。特别是到了农历每个月的初三、十八大潮汛时，险情更为严重。为了能及时提醒大家注意，防止灾害的发生，江边村坊中自发地出现了一批热心的喊潮人，每当在潮水即将来临的前夕，有的敲起铜锣，也有人吹起海螺，一边大声地喊着：“喂，潮水来哉！潮水来哉！”提醒人们早作准备。喊潮人上了堤塘，还要喊上一段顺口溜，比如：“喂，初三、十八当大（陀）汛，潮高八尺吓煞人，潮头滚滚勿留情，岸上人家要小心，老老小小都逃进。扣舵老大顶要紧，半篷过潮心肝要灵清……”最后两句是喊给船老大听的。而且喊潮人都会针对现场不同的具体情况，随口编出一串警示语句喊出来，临场发挥的能力非常强，效果也就特别好。

20世纪60年代初，一个夏日的午后，三堡海塘外盘头的沙滩上，郭宝法上身赤膊，裤脚卷高，正和老婆一起在拖一段树桩头。这树桩头是从上游漂下来的，吃胀了水重得要命，拖起来实在吃力，夫妻俩拖一段、歇一下，耽误了时间；突然之间听到岸上传来呜呜的海螺声和哇啦哇啦的喊嘲声，猛的一下子醒悟过来，丢掉树桩头拔脚就逃，当夫妻俩被喊潮人拉上海塘，回头一看，树桩头早已被蟹钳潮卷得无影无踪了。郭宝法的儿子，如今已六十多岁的郭士龙说起这段往事时，总要感激地加上一句：“要不是喊潮人，伢爹、伢娘四十多年前就死在潮水里了。”

喊潮声成了沿江百姓日常生活中必不可少的内容之一，你听，那“咣——咣——”的铜锣声，“呜——呜——”的海螺声，从下游的盐官一直向上游的七堡、五堡、乌龙庙、观音塘一堡一堡地传过来，显得颇为壮观。洪亮的喊潮声既给人警示，给人壮胆；又似乎是在向潮水示威。当时从事喊潮的热心人很多，所以这种习俗被一直延续了下来，成了一桩公益性的事业。

如今居民住宅小区巡夜时喊“楼上楼下，火烛小心”，其实也就是喊潮习俗的一个延伸。即使到了现在，虽说潮水已不可能像当年那样危害成灾了，但每当到了潮水季节，潮汛来临之前，仍有不少热心的志愿者沿着江堤，或者协助巡查人员把那些不谙潮汐水情的外地游客喊叫上堤，以免发生不测而造成悲剧。而且这种志愿行动恐怕还会不断地继续下去，给“喊潮”这一沿江的旧时习俗赋予新的内涵，从而成为整座城市的一种新风尚。

忆防潮队的日子

罗荣生

每年农历八月十八，是一年一度的钱塘江观潮盛会，因此想起2009年我在四季青防潮队工作的一段往事。

防潮队成立之初，值勤点是村里搬来的旧岗亭，约3平方米大小，碰到狂风暴雨天气，5个人挤在一起，要侧着身子才能勉强坐下。刚开始只有三辆旧电动车，不够就骑自己的车。我们巡查范围自二桥西到三桥东侧，全长5.4千米。

对于如何开展工作，我这个临时负责人也觉得摸不着门道。好在我们五个队员都是土生土长的三堡人，都听着潮声看着潮水长大，对潮汐规律烂熟于心，比如初三、初四、十七、十八大潮汐，七月十八“鬼王潮”，暗潮、明潮、回头潮等，都能随口荡荡不用打草稿。我认为防潮就是以防为要，重点是劝阻下堤人员，以防不测。以此着手，我们安排一人在三堡船闸外航道西侧堤旁岗亭值守，其余队员都到辖区堤段往返巡查，一旦发现有在堤下钓鱼电鱼、候潮游泳、捕捞拾荒、嬉戏放生等人员，始终遵循“随遇随劝，不劝上岸决不放弃”的原则。对个别难弄的人，则不厌其烦苦口婆心晓之以理“搞定”为止，这当中有几件事印象特别深刻。

有一回大潮汐期间，我在岗亭值守时突然发现船闸航道东缺口处堤下（当时该处标准堤塘还在修筑中可直接下堤），晃动着几个人影。我当即骑车绕道老杭海路赶到那里，只见5个小伙子在缺口堤下石头上坐等潮水到来，刚喊上来没过十分钟，潮水就如千军万马奔涌而上，飞溅起丈余高的浪花，吓得他们目瞪口呆，面面相觑。原来他们是广东人，根本不知道潮水有这么厉害，交流中我急忙送上那本《珍惜生命，安全防潮》小册子，广东青年表示由衷的感谢。此后每逢大潮汐时节，在潮前潮后一小时，都有人在此堤段严防死守，以免意外发生。

在日常工作中，我们按照上级有关要求，自觉做到岗亭不脱人，无故不离岗。不忘每天上下午往返巡查及对危险区域的防守，不忘沿途认真检查隔离设施警示标识有无损毁（一旦发现及时上报修复），不忘每天做好巡查记录。此外，针对队员中多数是半文盲的状况，为了提高队伍的自身素质，我一直坚持以日记、周记和月度小结的形式记下各种事例，并在每周一次例会和月末总结会上宣读讲解，再对下周或下月工作做出布置安排，以使大家心中有数，各履其职，确保防潮工作有序进行。我还用心搜集《杭州日报》《都市快报》《钱江晚报》等媒体有关防潮方面的各类文章，在讲评会上读给大家分享，对提升每个队员的责任感和自觉性很有帮助。

2010年9月，我结合自己近两年的工作实践，用业余时间撰写了四字一句、约300字的诗作《防潮歌》，内容基本上囊括了作为一名防潮队员应当做好的本职工作。队员们听后都觉得通俗易懂好记好背，我把复印稿分发后，有的还拿回家去再让小辈读。由此想到当时全市沿江两岸全长153千米的江堤上，还有250多名防潮队员应该也需要类似资料，故而将《防潮歌》连同相关建议，冒昧寄给市防潮办领导参阅。没想到才过一个星期，就接到区防潮办陈主任来电说，我所寄信件已被市分管领导何关新副市长阅处，并批示区里可将《防潮歌》一文谱成歌曲推广学习。接着陈主任约我商讨落实事宜，出于从节约经费开支方面考虑，最后决定请区文化馆专业老师改编成快板书形式，再通过驻地武警部队一名擅长此类表演的战士代劳，录音并制成CD，分发到市各防潮队广为传播，扩大了防潮工作的影响力，也成了江干防潮工作的一大亮点。

本着不放松、不厌烦、不畏难、不出事的执着理念，经过全体队员日复一日严防死守，我们所辖堤段实现了连续两年“零死亡”的目标，我也被评为2010年度市级防潮安全管理工作先进个人，还在表彰会上做了获奖感言。其实这个荣誉并不属于个人，其中也凝聚着我们全体队员一年到头所付出的心血和汗水。

随着防潮工作的深入开展，我们的装备从最初一身保安服装、一个喊话喇叭，到后来陆续配备了照相机、望远镜，统一标识的新型巡防电动车，以及救生圈、救生衣、强光电筒、对讲机等必需工具和应急救援物品。接着又新盖了带空调的值勤岗亭，办公桌、电水壶等必需用品一应俱全。同时，值勤点又安装了语音播放的高音喇叭：“请大家注意，钱江潮就要来了……”每当潮水将至，以中英两种语音反复播放的喊潮声可传到千米以外，看到摩肩接踵的人流都自觉站到安全区域观潮，我们心里甭提有多么高兴了。

从2010年开始，区防潮办每年春季都为队员举办为期一天的业务培训，由专家讲解普及潮汐规律、应急救援知识、巡查职责以及来潮前后一小时值守巡查的重要性。继而，又有城管、公安、安监力量参与联动防守，使管理体制日臻完善，有力保障了防潮工作的有序进行。

2012年7月，在新建岗亭堤旁，《杭州日报》记者肖向云前来我处进行现场采访。数天后，一篇题为《从小就生长在江畔的罗荣生告诉你——钱江潮到底有多危险》的报道刊出于该报《城市周刊》栏目，这是对我们工作的再次肯定和鞭策鼓励，大家都感到十分光荣。

当年9月，我虽被社区抽调到三堡整村征迁指挥部工作，但仍心系防潮。那年国庆节适遇八月十八大潮汐时节，我放弃休息主动前往堤段参与值勤，并按惯例撰写汇报材料及时上报，受到街道陈主任的热情赞誉，心里有点难为情，因为作为一名防潮队员，这是应该做的分内事。

花开花落又一春。次年四月因我村整体征迁后，为给“40、50”失地人员安排工作，加之防潮队6人包括我在内有5人早已超过60周岁。上级决定超龄人员全部退出，由此结束了连续4年在防潮队日夜奔忙的日子……

海塘史话

HAITANG SHIHUA

潮起潮落八仙石

徐守成

2009年至2012年间，江干区政协文史和教文卫体委员会编的《钱塘拾遗》期刊，其封面是江干区域内的一幅古地图（清乾隆《杭州府志》的海塘图局部）。阅读封面，觉得编者独具匠心，很有特色，将古地图和钱江潮连接在一起，气韵生动。

仔细观察海塘图，图中间有景芳亭，并绘有亭图，旁有“八仙石”三字地名。由于“仙”字印刷模糊，开始以为是“八口石”，中间一字看不清楚。对照清乾隆《杭州府志》会城阁卷一图说，知是“八仙石”。从会城图来看，三郎庙、椤木营、观音堂、八仙石都是钱塘江畔的重要地名。至今，三郎庙、椤木营、观音堂这三个地名，杭人皆知。唯八仙石的地名，鲜为人知。

近读2016年4月浙江古籍出版社出版的钟毓龙编著，钟肇恒增补的《说杭州》（上册），第三章“说山”附石，才弄清楚“八仙石”的来龙去脉。该书说：“石丽于山，然有不在者，故附山后。”其“八仙石”条云：“在庆春门外二里，有巨石，凡八。相传明代潮决值此八石而退。因此仙灵目之。”意思是说，在庆春门外二里，有八块巨石，相传明代时，钱江潮到此而退。故民间以人们喜闻乐见的“八仙”名之，它既是“石名”又是“地名”。

对照清乾隆《杭州府志》海塘图和会城图，八仙石的位置，大致在今秋涛北路和凤起东路交汇处的“景芳亭”不远处。笔者又查阅到雍正《浙江通志》卷一图说《海塘图》（上），钱塘江北岸，仅三郎庙、八仙石和白石庙三个重地名。在“八仙石”三字旁，绘有庙图，及庙前的旗杆和旗帜，非常显目。既然是海塘图，显然“八仙石”为钱塘江北岸海塘的重要节点。海塘图中“八仙石”与钱塘江南岸萧山区的“江干汛”遥遥相对，扼守着汹涌澎湃的钱塘江。

因此，这个消失了的与海塘有关的“八仙石”地名，值得我们关注和重视。

江干区位于钱塘江北岸，因临钱塘江而得名。江干，其意为江岸边、江滨之意。波澜壮阔的钱塘江大潮，“早潮才落晚潮来，一月周流六十回”（白居易《潮》）。由于江流改道，海潮北趋，杭州湾北岸，“凡今之平陆，皆昔之江也”。据史料统计，从宋代到新中国成立前，钱塘江曾发生大潮患210次，田庐淹没，居民漂溺，又海水性咸，被淹的田地数年不复其淡。因此，围堤筑塘，抗拒咸潮，与洪水做斗争，就成为钱塘江两岸人民和历代封建统治者日益关心和亟需解决的头等大事。

江干先民最早修筑的防洪大堤，叫作北塘和南塘。据清朝乾隆进士、江干人翟灏《艮山杂志》卷二记载，一条从庆春门外起，到今笕桥机场内的樟木桥止；另一条“自艮山门外二里转塘头起，东过诸葛庙，石陡门、祠堂坂、姚陡门、枸橘巷、斋僧馆、逮家亭、笕桥、喻家巷至茶花村止，约共十里”。这两条塘堤，在樟木桥交合。为了有所区别，从庆春门外的那条叫南塘，艮山门外的那条叫北塘。

从地理位置判断，这两条古海塘应早于五代钱镠建的“捍海塘”。杭州古都文化研究会理事陈辉（原杭州市考古所考古部副部长，南宋临安城考古队队员）考证为“东汉大塘”（2013年11月杭州出版社出版的姜青青主编《弄潮儿向涛头立——三江两岸潮文化》）。

北塘后称走马塘，塘变成了路。据南宋《咸淳临安志》记载，走马塘在艮山、菜市门外，平坦可驰马，故名。路边苍松夹道，花柳繁盛，和城西灵隐路九里松一样，是一道著名的风景。清代诗人金海《步城东九里松》诗文："城东归路选遗踪，南宋曾载九里松。鼙鼓喧闹来自雁，风云消散失苍龙。修途薄荫余桑柘，迟日闲怀寄笠笻。胜迹漫性乡里情，行春桥亦减阴浓。"当年，它是南宋都城连接北方地域的交通要道，凡从苏州、嘉兴等地传递的紧急邮件和官员商旅，都从临平驿路抵丁桥赤岸港、杨家桥、沙田畈，经走马塘进入临安城（今杭州）。走马塘就是今天的机场路。这条路，每个杭州人都很熟悉。

隋唐时期，今之江干地域，常受江潮冲击。唐代，曾开沙河导水，以泄钱塘江潮。唐代沙河的开挖，第一次在唐景龙元年（707），沙岸北涨，地渐平坦，州司马李珣始开沙河，水陆成路。第二次在唐咸通二年（861），刺史崔彦筑南五里的沙河塘。宋人王象之《舆地纪胜》云："昔潮水冲击入城。"奔逸势莫能御，故开沙河以御之。河有三：曰外沙、中沙、里沙。北宋政和（1111）初，郡守张阁立碑题其处，近南有坝头。"当时，沙河和钱塘江相通，引钱塘江水入河，大潮时可泄钱江潮水，以护卫杭城。"

南宋《咸淳临安志》卷三十五载："外沙河，南自竹车门（今望江门内）北去，绕城东过红亭税务前螺蛳桥（今清泰门内），东至蔡湖桥（今采荷桥），与殿司前军寨内河相合，转西至游弈寨前军寨桥，至无星桥（今前家桥）与坝子桥（今凤凰亭建于上）相合，入艮山河，沿城泛洋湖水，转北至德胜桥与运河（上塘河）相合。"

沙河，宋时居民甚稠，碧瓦红檐，歌管不绝，繁华热闹。北宋大文豪苏东坡诗云："云烟湖寺家家境，灯火沙河夜夜春。"南宋时，沙河统称贴沙河。至今，该河"清流中贯，荡漾涟漪，仍为杭州城清泰水厂的水源"。贴沙河在城外，又是护城河，原河上在清泰门、庆春门外都设吊桥，民国年间毁，改为公路桥。

五代吴越国时，海潮仍严重威胁杭城居民安全，影响沿江地区人民的生活和生产。吴越王钱镠建国以后，曾发生过“海飓大作，怒涛掀簸，堤岸冲啮殆尽，自秦望山东南十八堡，数千万亩田地，悉成江面，民不堪命”（《武肃王筑塘疏》）。五代后梁开平四年（910）八月，钱镠发动民工20万人，于候潮门、通江门外筑塘，十月筑成。海塘工程在离岸29尺处，取椤山之大木，打桩6层，每层中间交错装满石头的竹笼和泥土充实，称为“泥塘”。“泥塘”之内，再叠石为堤，使之巩固。沙渐积，堤益固。海塘自六和塔至艮山门，堤长338593丈，世称“钱氏捍海塘”或“钱氏石塘”。捍海塘的筑成，保护了杭州城，并使城邑向东南继续扩展。

1983年，建杭州江城路立交桥时，考古工作者在工地上，发掘出来的实迹与上述情况基本相符。这条筑于1000多年前的海塘，至今仍基本完整，木桩并未腐朽，木笼的串连和接榫基本完好，竹笼也保持当年编织原貌。今江干区四季青镇常青村石塘路下面，就是当年吴越钱氏海塘遗迹。

在漫长的封建社会里，由于科学水平的限制，人们无法解释钱江涌潮的自然现象。于是兴起海神崇拜，其中规模最大的要数海宁盐官镇的海神庙。南宋时，最大的祭祀海神殿宇，就是东青门（庆春门）外太平桥之东和海神坛。

据南宋《咸淳临安志》记载，南宋淳祐十二年（1252），宋理宗赵昀有旨：“中兴以来，依海建都，宜以海神为大祀，下太常议礼诏守臣马光祖建（海神坛）殿望祭，自宝祐之元岁（1253）以春秋二仲，遣从官从事。”

唐代白居易守杭时，曾有《祷江神文》。其目的就是：“捍患御灾宜祀典，恬风静浪赖神庥。”《宋史·乐志》专门有《淳祐祭海神》词十六首。撰词者，无非祈求“风调雨顺，国泰平安”。

元末张士诚踞杭，扩展杭州城垣，将原来宋代清泰、庆春、艮山三门往东拓展三里。故今太平桥在庆春门内，东河之东，地近城曲，平远虚旷。太平桥是菜市桥以北东河上的第一座桥，建于宋代。原为三孔石拱桥，1963年，改为梁式平桥，桥基仍保持原貌，主孔通船。1987年拆建为钢筋混凝土桥梁。如今太平桥尚在，而太平桥之东的海神坛早已不存。

明末清初，钱塘江口海潮改道入北大门后，北岸潮患加重，杭州受到威胁。清代投入巨资，大规模修筑海塘工程。康熙三十八年（1699）、四十年（1701）奏报捐修钱塘、仁和江塘及建钱塘江石子塘1562丈，四十五年（1706）江塘成。康熙五十五年（1716），杭州知府张恕可主修钱塘江海塘1108.4丈，至五十七年（1718）3月完工。雍正五年（1727），浙江巡抚李卫修筑钱塘、仁和江塘；六年（1728），在诸桥加筑石塘401丈，修复坍塘50丈；十一年（1733），从海宁龟山南麓直达仁和县李家村（今彭埠镇普福村），筑成一条长14048.5丈、高1.2丈、顶宽2.4丈、底宽5丈的土备塘。乾隆三十九年（1774），浙江巡抚三宝奏修仁和江塘；四十一年（1776），增筑仁和县观音塘；四十九年（1784），兴建章家庵西至七堡附件鱼鳞石塘2120丈。康乾之世，从杭州至海宁险要处，共修建鱼鳞石塘13300多丈。这一线海塘就成了防洪御潮的主塘。

鱼鳞石塘筑成后，“历年风潮冲塌，犹屹然如故”。乾隆皇帝题诗称道：“金堤筑筹固，沙渚涨希宽。总廑万民戚，非寻一己欢。”

巍峨的钱塘江海塘，它是可与万里长城和京杭大运河相媲美的我国著名的伟大工程。

晚清后，江潮逐渐东移。沧海桑田，唐宋以来的观潮胜地浙江亭、秋涛宫一带江岸，已淤积成陆。新中国成立后，部分古海塘被改建为秋涛路和杭海路。随着杭州城区不断扩建，古海塘改建为道路，已成为沿江的交通干道，昔日古海塘遗迹，已留存无几。一些古海塘地名，也渐被人们淡忘。

潮起潮落，潮落潮起。潮起何时？潮落何时？作为与钱江潮有关的“八仙”奇石，见证了潮起潮落江干的历史和变迁。

杭州以西湖称美，江干以钱江见雄。如今，钱塘江古海塘已列入申遗名录。报载，江干区准备在九堡钱塘江畔鱼鳞大石塘遗址，筹建“海塘博物馆”。江干区内的走马塘、贴沙河、钱氏捍海塘、明清鱼鳞大石塘、碑亭、八仙石等，都是值得一书的。潮文化、海塘文化，永远是江干人民的主旋律。

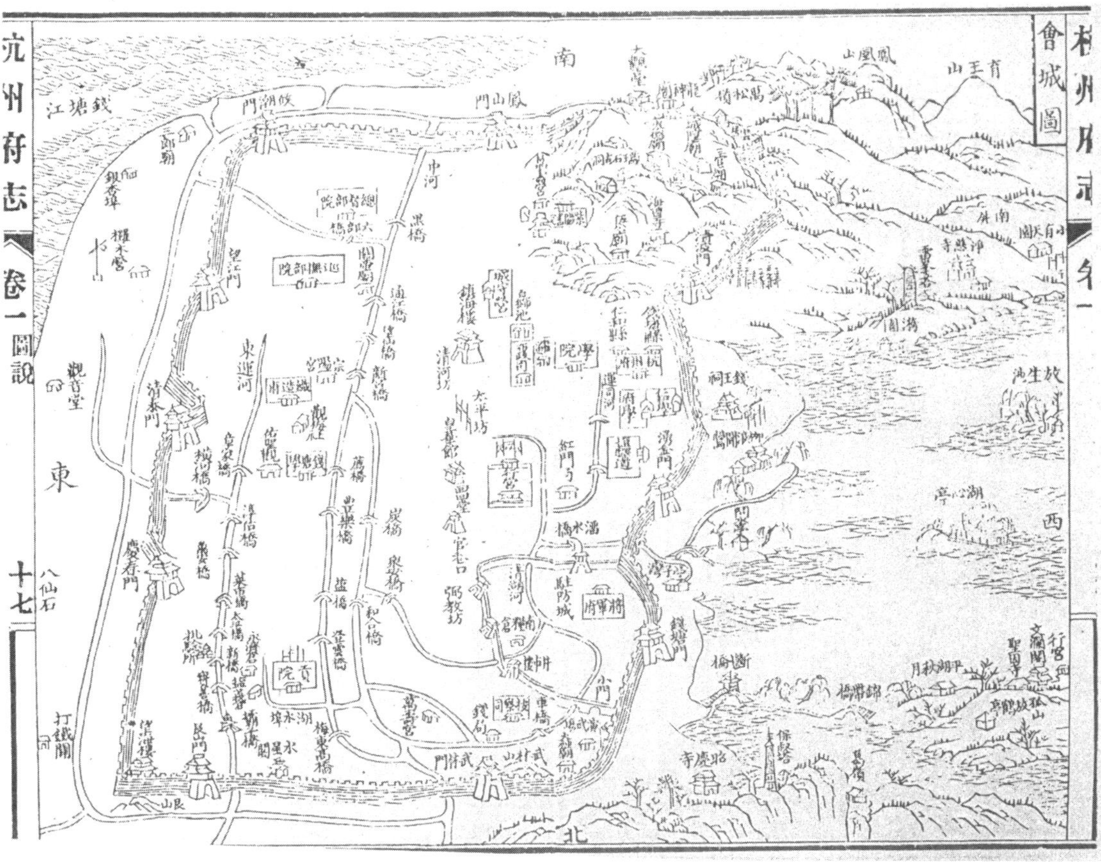

会城图

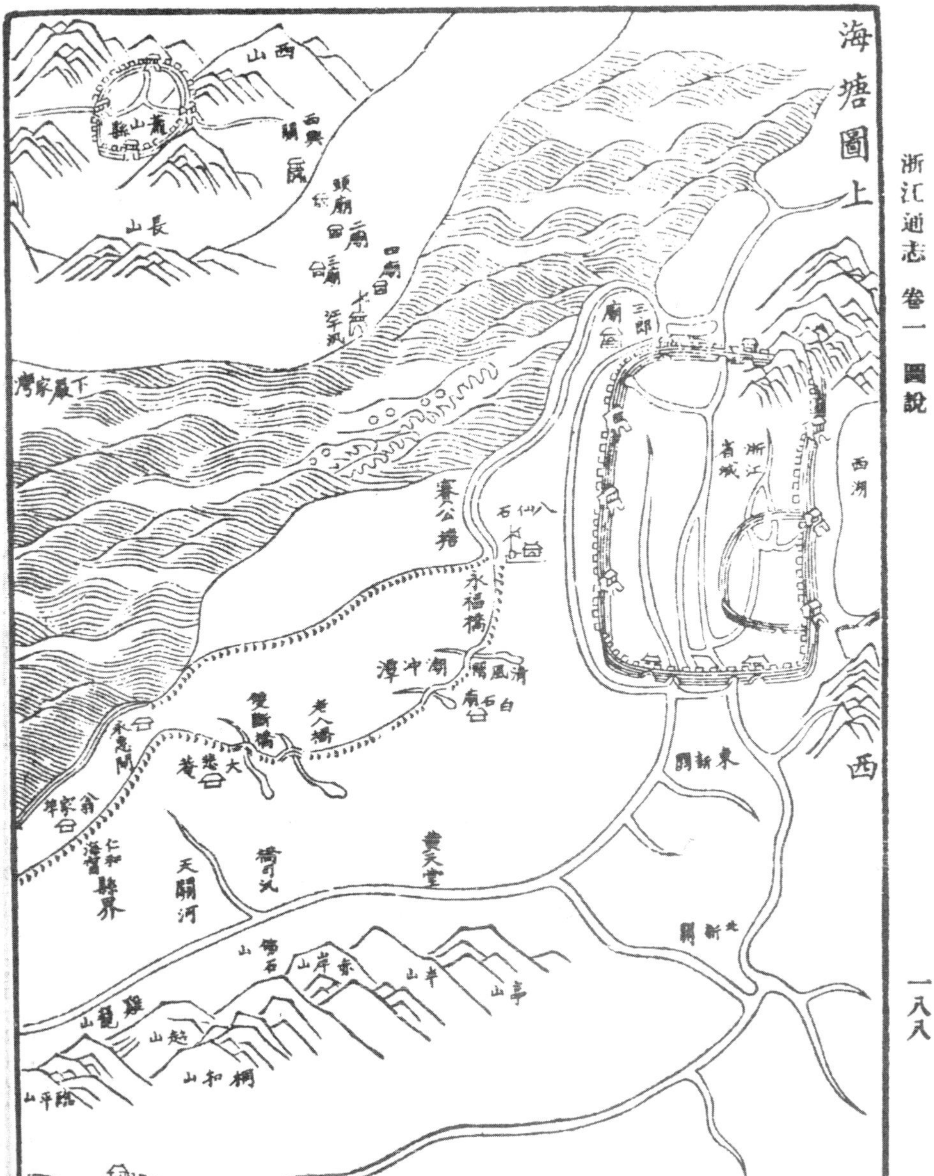
海塘圖上
浙江通志 卷一 圖説
一八八
西山
蕭山縣
西興關
長山
下嚴家灣
賽公塘
八仙石
永福橋
清風閘
潮冲潭
白石廟
老人橋
雙斷橋
大悲菴
永惠閘
翁家埠
仁和海寧縣界
天關河
東新關
北新關
浙江省城
西湖
三郎廟
西
北
石門縣
臨平山
超山
半山

海塘图

捍海石塘与秋涛路

杨光宇

隋开皇十一年（591），隋朝大将杨素平定江南叛乱后，开始建筑杭州城垣，于江干之柳浦向东北延伸，有了杭州历史上最早建城的记录。至五代十国时期吴越国以杭州为都城，钱氏三代五主以“保境安民”为基本国策，兴修水利，驱除钱塘江之水患，筑塘修堤，南从六和塔起向北至艮山门，另一堤沿钱塘江向东北至海盐，开筑了长达百里的捍海塘坝。正是这条千年堤塘的其中一段今为凯旋街道南北贯通的主干道——秋涛路。

捍海石塘，是千年前杭州人用他们的勤劳和智慧筑起的海上长城。钱江大潮天下闻名，在“壮观天下无”的同时，也给周围农桑带来了灾患。为平息水患，开平四年（910）八月，钱镠发动20万民工于候潮门、通江门外筑塘。在离岸29尺处，取罗山之大木打桩6层，每层中间交错用装满石头的竹笼和泥土填实，称为“泥塘”。泥塘之外，植“滉柱”十余行，以圆木之屏障缓解水势。在旧城改造中，曾发掘出“钱氏捍海石塘和柴塘”中的泥塘遗址。在“柴塘”“泥塘”的基础上，再叠石为堤，使之坚固。沙渐积堤益固，海堤自六和塔起至艮山门，堤长338593丈，用钱109440缗，世称“钱氏捍海塘”“钱氏石塘”“捍海石塘”。其叠石筑塘，做工十分讲究，在“泥塘”的基础上，用青石料凿断面为直角梯形的长石条，用铁制“蝴蝶攀”加上传统黏合剂（灰浆）固定，历经千年不朽。笔者曾在秋涛路旁的工地里见到当年的石条、铁攀等从地底下挖出来时仍旧如初，不朽不腐。

捍海石塘自910年筑起，历朝历代均有修缮加固。清雍正专门指派水利专家时任吏部尚书的朱轼来督领海塘工程。清乾隆六下江南，四巡海塘。

凭借石塘的基础，从六和塔起到南星桥，筑起大街：清称江干大街；抗战胜利后以中华复兴之意，统称复兴街。南起复兴街，北至机场路，民国时筑路，取“秋涛拍岸”之意曰“秋涛路”。清时在螺蛳埠曾建秋涛宫，今已湮没。秋涛这条公路正筑于捍海石塘之上，以石塘为路基，垒土填石而成砂石公路，沿用了近一个世纪。秋涛路是南北向的交通主干道，在“文革”前是一条双向砂石公路，从南星桥的车站、码头南来北往的煤炭、木材、砂石等及工农业原材料与产品从这条路上用人力、畜力与汽车进行物资流通，运到拱宸桥的工业区及市区各地。

原来的砂石路，改革开放后修筑起了沥青路面，几经拓宽，现已成为双向六车道的主干道路，今日艮秋高架凌空高架在秋涛路上，成为杭州的南北主通道之一。

六堡发现“西过字号”海塘碑

王云良

听人说六堡拆迁区块有“老宝贝”

2017年3月2日，彭埠正紧锣密鼓的在搞“四社联动”整体征收文化摸底。家住六堡、年过70的彭埠镇机关退休老干部戚妙珍找到了我，说：“阿（我们）夯里也有一样‘老东西’，一定好算文物，侬好去看看的！”我正在关心拆迁区块的文化保护，正愁找不到“老宝贝”呢，一听到消息，立即约定时间、地点，叫她陪我去一趟。

要知道，我得到信息的时间点，已是彭埠街道“四社联动”整体征收指挥部动员大会已经开过的关键时刻，在这个抢救性保护的紧要关头。我们是在跟拆房拼速度呀。这时候最容易“出”老物件，也最怕老物件受到破坏。毕竟，挖掘机可不长眼。

到了戚妙珍家，又跟她来到了三官堂一区22号，主人引着我们来到一处两幢楼房中间的狭窄弄堂。进去一看，是一块呈浅黄色的石碑，有字。厚厚的石碑平躺着，长约2米、宽约0.4米、厚约0.4米，上面雕刻有11个大字，经仔细辨认，从右至左4个字：“西过字号”，由上至下7个字：“条埽石工二十丈”。

我一看，这块石碑有来头的，一定跟海塘有关，即向主人了解其来龙去脉。

房东说："夯（那）个辰光这石条是在'三官堂'里的，横放着给小伢儿当石凳坐，后来'三官堂'拆除，阿（我们）拿来做建筑材料，有人说庙里用过的东西造房子不吉利，所以没有派用场。房子建好后就搁置在这狭窄弄堂里了。"

旁边一位邻居插话："不是尕（这样）格，我听人话过，这石条不是'三官堂'的，从前发现侬（它）时是在西面杨家塘埠夯（那）边的，离这里有300多米路，有文化的人看看有字把它搬进三官堂里的。"……虽说法不一，但石条曾在三官堂却是事实。

介绍一下三官堂

三官堂旧址，距放"西过字号"石碑处东南约20米。这里早已成为农民住房了，门口挂着两块牌子：航海路919号和三官堂一区11号。大家向我介绍说："老底子这里是钱塘江海塘边，曾有过一棵非常高的肥皂树（皂荚树），有三人合抱那么大，在江对面一看这高高的肥皂树就知道这里是六堡，可惜肥皂树在20世纪70年代被砍掉。三官堂位置曾经建过六堡堡房。"

住在三官堂附近的六堡社区会计沈建明告诉我："老底子六堡离钱塘江近，比较潮湿，老天只要一下大雨，村里的农田都会被大水淹没，使农户们吃足苦头。当时，村民们为了能过好日子，天不落灾塘不坍，便请来了三尊菩萨：分别是天官菩萨、地官菩萨、水官菩萨，称之为三官菩萨，老百姓时常来这里祭拜神灵，寻求菩萨保佑。日久之后，人们就把这里称为'三官殿'，而这之后又将'殿'改为'堂'，取子孙满堂的意思，所以直到现在都以'三官堂'来命名了。"

隐含着丰富的海塘文化

再来说说这块石碑的碑文："西过字号条埽石工二十丈"11个字的意思。

我查了许多资料，据记载，过去海塘记程方法是采用《千字文》里的文字记程，这是类似现在高速公路上的里程碑，是标海塘方位的。"古时，整条钱塘江江塘的每一段会设置一个字号，每个字号分别对应塘段的具体位置，一旦发生汛情，通过石碑上的字号段，相关管理方可以迅速了解情况，采取措施。"

海塘工程分段管理制度：钱塘江海塘塘线绵长，清代以前，以县为政，分县管理。而较为完善，突出重点，自上而下采取专职专人负责，划段分汛、分堡、分防的分级管理网络，始于清雍正、乾隆时期。民国时期统一北岸海塘与萧绍海塘的领导，划段分区防守，区之下分别由当地推选堤董、堤保，接受段工程处的指挥监督，管理海塘。

为明确海塘的具体位置，有利于划段定防，分清防责，明嘉靖二十一年（1542）佥事黄光升首先在海盐县按《千字文》字序，以营造尺20丈为1号，编定石塘字号。清乾隆二年至二十三年（1737—1758）又先后以县为单位，统编海塘字号（部分土备塘未编），每20营造丈竖一石碑，并镌明字号和塘身类型。

据史料记载，在章家庵以西至乌龙庙，塘外有民灶自行修筑的土塘一道，长6200余丈，名范公塘，原高矮厚薄不一，不足抵御较大潮汐，乾隆十二年（1747）十二月二十日，大学士高斌、巡抚顾琮台疏题请统体加培高厚，与东、西两塘身齐平，包据老塘在内，但仍难抵御异常潮患；乾隆四十五年（1780）到嘉庆十年（1805）采用砌筑条块石塘、加筑埽工和鱼鳞石塘，塘前筑石坝（石盘头）和沉船叠石保护塘脚等一系列加固措施。大约在乾隆五十二年（1787）十二月鱼鳞石塘完工后，将范公塘全线编立字号，自东而西，计编西天字号至西映字号共251号，至乌龙庙。在加固工程大部完成时，于嘉庆四年（1799）将李家埠汛10座计堡房30间移至外塘（范公塘），另建乌龙庙堡房四间，茶槽、唐家井、五家图墙、六甲庙、三官堂、吴家园、牛头巷、南草庵、三村庙各3间，翁家埠汛大悲庵和蔡家埠两座计6间堡房也移至外塘朱家埭和戚家井两处各建3间。

原来塘上每隔20丈有石碑，石碑上刻有《千字文》，从“天地玄黄”的“天”字开始，一直到“焉哉乎也”的“也”字结束。“西过字号”的“过”是《千字文》第22句，总第170个字“知过必改”的“过”字。

那么“西过字号”的“西”指的是什么呢？从清《宫中档乾隆朝奏折》里浙江巡抚福崧奏折中，可知范公塘位于“章家庵天字号以西”，之前民间一直在自筑，从章家庵到乌龙庙的那段土塘长5000余丈。这说明，“西”指“章家庵天字号以西”。根据估算，章家庵至六堡三官堂，每20丈设置一个字号，“过”字为第170个字，折算成当今的距离约11千米多点。

再说说由上至下另外7个字：“条埽石工二十丈”。资料记载，“条埽石工”意思是修筑海塘的工艺。

埽工是用树枝、秫秸、草和土石卷制捆扎而成的河工和水工构件，主要用于护岸、堵口、筑堤等工程。多个埽叠加连接构成的建筑物则称为埽工。埽工是中国古代治河工程的独创，具有如下显著的优点：1. 就地取材，制作快捷，便于急用；2. 可水上施工，亦可分段分坯施工，能在深水情况下（水深20米上下）构筑大型险工和堵口截流；3. 所用草、土石等本为散料，但可用绳索、桩木等将之固结为整体；4. 草、秸料等具有良好的柔韧性，易于适应水下的复杂地形（尤其是软基），易于缓流、留淤；5. 用埽工构筑施工围堰，完工后便于拆除。

然而，埽工自身也存在着严重的缺陷，这主要表现在如下三个方面：1. 草、秸料和绳索等易于腐烂，需经常修理更换，花费较多；2. 埽体的整体性较石工等永久性建筑物差，往往一段垫陷，即牵动上下游埽段连续垫塌、走移，形成严重的险情；3. 埽工桩绳操作运用复杂，施工工人必须技术娴熟。

在以往生产力较低，石料加工不易，水下胶结材料缺乏的情况下，埽工一直是当时不可或缺的水工构件。直到近代引进了混凝土材料，才逐渐被砌石坝工所代替。目前，在一些小型防洪工程、引水工程以及施工围堰工程中，仍然采用埽工技术。埽工又分为卷埽和厢埽，在农村水利工程中，我们用的大多是卷埽。宋代治河的两部重要文献《宋史·河渠志》和《河防通议》分别记述了宋代的卷埽方法。

根据这些说法，条埽石工可以理解为此处埽工中不单单用柴，还采用了条石。

想一切办法保护起来

有位报社记者针对钱塘江海塘零零散散的物件保护时说得好："可别小看这些老物件，它们穿越都市的表层而来，一点一滴拼接出古海塘的故事，带你去认识另一个时空的杭州。"的确，经过几百年变迁，钱塘江遗产不可能非常完整地展现在人们面前。这块石碑虽然非常平常，但是我觉得它意义重大不可小觑，必须想一切办法保护起来。

曾经有过月塘寺井圈得而复失的教训，这次我很快向指挥部的分管领导阮骏进行了汇报，并且说明了石碑保护的必要性。他十分重视，一方面答应向拆迁主体部门沟通，一方面要求我时刻留意石碑周围的拆迁进度。

经过沟通，拆迁主体部门落实了一位同志跟我沟通联系，但是我仍然不太放心，还时不时去现场，爬过玻璃碎片、断砖碎瓦及旧钉烂桩一地的拆迁现场，观察“西过字号”石碑是否安然无恙。

可能有人会问：不能直接拿回来找个地方保护起来吗？

大家有所不知，“西过字号”碑分量重，足足有六七百斤，搬动不容易，更关键的是它安放在两幢楼房中间的狭窄弄堂，根本没有搬得出去的出口，所以必须等靠南面航海路的两幢楼房拆掉才能动手搬。

石碑默默地告诉人们彭埠人的过去

2016年6月27日，那位沟通联系的同志告诉我，靠南面航海路的两幢房子已经拆平，石碑可以搬运了。我到现场一看，房子虽然拆平但是因为建筑垃圾没有清理，加上两边的楼房没有拆，人工搬运还是非常困难，于是就与拆房队商量，动用长臂吊机，吊上航海路，然后装车，运到了文化站的“菜文化博物馆”里，石碑才得以妥善保存。

一块石碑，让我了解了钱塘江海塘，通过它知道了人类对抗大自然的艰难和辛酸。每一次人们问我这块石碑的意思，我总会不厌其烦地说个半天。

“西过字号”碑默默地告诉人们彭埠人的过去……

明清年代的钱塘江海塘

卢英振

明清时期兴修的钱塘江海塘（北岸杭州段）又称杭州海塘，起自西湖区转塘狮子社区，向北贯穿杭城东部，至余杭区乔莫公路东三村止，全长38千米，为明清两代（主要是清代）修筑而成，用来阻止海潮对杭州的冲击。

海塘主要为鱼鳞大石塘，采用大石料横纵交错砌筑，每石交接处以槽榫嵌合，合缝处用油灰密封，再加上铁锭，使所有石块连成整体。塘身之内，加筑土塘，形成前后两道防线。塘基根脚密排梅花桩三路，用三合土夯实。部分地段为土塘、草塘。

历经岁月变迁，海塘现状除位于转塘街道狮子社区村口的海塘起点露出地表外，其余皆被掩埋于地表之下。目前海塘起点尚存一用块石垒砌的高台，上有一棵粗壮而古朴的香樟，旁立石狮子一尊，为一母带九子。江干区石塘路以海塘为路基砌筑，明显高出附近地面，也是一处比较明显的海塘遗迹。钱塘江海塘规模宏伟，是古代一项伟大的水利工程，对古河工建筑技术和钱塘江地址变迁的研究具有重要意义。

清康熙十九年（1680）四月十五日，钱塘江海潮自东入中小亹。从此，四十余年，江道主流都走狮子山与乌龟山之间的中小亹。赭山东西沦为钱塘江，赭山孤悬江中。乾隆二十四年（1759）江道改走北大亹。乾隆三十八年（1773）中小亹淤塞，赭山东隅大片土地开垦成熟。乾隆四十二年（1777）中小亹完全淤塞，钱塘江主流经北大亹，土备塘除乌龟山至白虎山段外，外线段全线冲毁。嘉庆十八年（1813）南沙东西五十余里，南北四十余里范围内的赭山、西仓、靖雷（靖江东）等乡由海宁划归萧山。清朝康乾时期对江浙海塘的重视程度，可以从康熙、乾隆南巡次数和视察海塘次数中有所体会。值得庆幸的是江干区海塘文物的遗存还是比较有价值和品位的，例如四季青碑亭、常青地块以及九堡地块的考古发掘都可圈可点。

江干区四季青市场繁荣，这里的背街小巷也都很热闹。走进石塘路南段，抬眼可见是一处和周边环境显得格格不入的文物古迹——建于乾隆四十二年、属于观音堂海塘“配套景观工程”的四季青碑亭。碑亭为一层方形石构，歇山式亭顶，额枋上凸雕的“二龙戏珠”“如意”和海浪等纹饰大气精美。亭内所立石碑镌刻着浙江及杭州地区捐俸修海塘官员的官职及姓名。人们不知道，脚下的路是建于清代的古海塘，而据记载，在这段清代海塘的下面，原初便是宋代景祐年间两浙转运使张夏所修的石塘，这是钱塘江修建重力式石塘的开端。石塘路明显高出附近地面，本是杭州主城区内唯一可以“看见”的钱塘江古海塘。

在杭州市江干区的常青区块，发掘出一段明清时期的钱塘江古海塘。此次共发掘TG1、TG2两个探沟，均发现古海塘遗存，形制结构基本一致，均为石塘结构，迎水面石条（板）砌筑，背水面以夯土堤为戗，大致西南—东北走向，横截面呈梯形，上小底大。TG1揭露部分海塘长13米，上宽5米（含3.6米宽附土），底宽10.2米（含附土宽），深6.6米。整个石塘迎水面从下至上均逐层收分。明清以来，杭州物产丰富、百姓富裕，修筑钱塘江海塘被上升为国家工程。

此次考古发现的三组古海塘遗存，上、下叠压关系明显，第一组塘体的年代应为清代，第二、第三组塘体应为宋元时期所筑。此次发现，为钱塘江古海塘研究及水利工程史的研究增添了不可多得的新的实物资料。

杭州海塘（江干段）

九堡地块海塘遗址发掘之后，江干区各级部门十分重视，决定原址进行钱塘江海塘遗址博物馆的建设。据江干区区文保办介绍，展陈大纲结合江干实际，展陈江干城市化变迁的部分内容。2016年10月14日，杭州江干区召开的海塘遗址博物馆策划文案（修改稿）专家论证会上，与会专家建议文案强化文本的立意定位，将钱塘江海塘与特殊价值的体现紧密联系在一起，讲好钱塘江海塘这一国家公共工程的发展和演进史，突出中国人民与海塘之间的重要关系，展示钱塘江海塘在世界海塘和中国海塘史上的特殊地位，为杭州钱塘江文化申遗打下坚实基础。并建议重新调整文本结构，突出海塘技术工艺的特点，将历史上最具有代表性的海塘构造加以凸显。建议提升文本中的人文精神，突出钱塘江两岸人民与海潮之间斗争、和谐的关系。建议展览注重展示鲜明的海塘人文精神，使博物馆达到教育启迪的重要作用。当前钱塘江海塘遗址博物馆正在进行装修建设，预计不久将正式对外开放。

前面介绍历史文化资源调查情况时已经提到，江湾地块杭州海塘也有多处发现，全部揭露出来并不现实，但是适当发掘、合理展示也有必要。七堡大王庙路其实是老杭海路的七堡段，它的路基实际上就是海塘，所以老人们说："公路就是海塘，海塘就是公路。"七堡的海塘遗迹比较完整，在大王庙路10—16号门口（北侧路肩），这一段海塘石坎排列整齐有序，最为明显；在大王庙路28号门口（北侧路肩处），同样可以清晰地看到。还有在七堡小学以西约60米的南侧路肩处，也露出一段塘坎石条外沿。再就是几棵古树，至少与杭海路为同一年代。因这一区块有实物有遗址，摸得着看得见，可以由碑亭及古海塘为主，建一座海塘遗址公园。为丰富内涵，增加历史文化元素和观赏性，还可以把观音堂和乌龙庙塘埠归在一起。笔者前往杭州博物馆、杭州钱塘江博物馆参观了杭州海塘展陈内容，也了解了尚未开放的钱塘江海塘遗址博物馆的展陈计划，比较而言，内容丰富，各有千秋。虽然如此，这些博物馆并没有将杭州海塘予以全方位展示，加上江湾地块的海塘内容有别于这些地段的情况，所以加以合理利用，精心展陈，仍然有较多拓展空间。

2003年，钱塘江海塘（北岸杭州段）被杭州市园林文物局公布为杭州市第一批市级文物保护点。2009年，清代四季青碑亭和明清古海塘两处文保点整合，被杭州市人民政府公布为杭州市第四批市级文保单位。2017年2月，钱塘江海塘被公布为第七批浙江省文物保护单位。

七堡的海塘遗迹

沈树人

随着城市化不断推进和城市建设的快速发展，从钱江新城往东直至下沙开发区的钱塘江沿岸，基本已成为城市长廊，往昔的江岸景象及海塘遗存等历史痕迹，已经很难找得到了。然而让人欣喜的是在七堡大王庙路的路基两侧，却还留有较为完整的海塘遗迹，为此笔者曾去找过几次，所见确实无误，海塘遗迹清晰可见，塘坎石条排列有序。向街上的老居民打听，他们都能讲得很清楚——脚底下这条就是老底子的海塘。

准确地讲，眼前这条“大王庙路”实际上有两层含意：即一条路和一座庙，这是两个不同的概念，但又互为联系。

我们先来说“路”。大王庙路西起七堡村的五号港，东至杨公村的上游桥，全长不过千把米，原是老杭海路的一段。20世纪90年代老杭海路改建，新修建的杭海路绕开了七堡、九堡等老街集市，另辟新线。被保留下来的路段要重新命名，因路基侧有一座大王庙，于是就顺理成章地定名为“大王庙路”。其实说来说去，它终归还是老杭海路的一段，只是换了条路名而已。

既然是老杭海路，那就有点历史了。据资料记载：民国二十一年（1932），当时的省公路局修建沪杭公路，自清泰门经乌龙庙、三堡、五堡、七堡、九堡至乔司路段，整条沪杭公路贯通。人们通常把清泰门到乔司这一路段称作杭海路，而这条杭海路沿江而建，它的路基实际上就是钱塘江海塘，即清乾隆年间所修的“范公塘”。如果去问问沿江老人，他们也会告诉你“公路即海塘，海塘即公路”这一事实。

厘清了其中的依存关系，我们只要沿着老杭海路仔细寻觅，肯定能发现海塘的遗存。笔者去实地走了几趟，就寻找到以下几处：大王庙路10—16号门口（北侧路肩），这一段塘坎石条排列整齐、最为明显。在大王庙路28号门口（北侧路肩）同样清晰可见。西行至七堡小学西去约50米处一花圈店门口（南侧路肩）露出一段塘坎石外沿：往东行至杨公村二区77号约10米处修车铺台阶下，亦可见到条石塘坎。当然，除这几处外，肯定还有遗漏的地方。

从路肩两侧发现的海塘石坎看，与老杭海路基本重叠，走向一致，足见“公路即海塘，海塘即公路”之说言之有据，确实无误。况且路边几株百年老树，乃公路通车后栽下的行道树，这沧桑老树亦可印证这一点。

七堡老海塘遗迹

再来说说庙——大王庙。如果按现在的位置来定，大王庙正好位于七堡中心路与大王庙路的交叉处北侧。据老人说，大王庙造在海塘脚边，单进三间，庙虽不大，但地处老街街口，算得上是七堡老街的地理标志。记得十多年前，笔者曾听七堡南街一位当郎中的孙老先生讲过：“大王庙里供奉的菩萨就是海龙大王。因为在七堡的海塘脚下有一巨石，系镇海塘之用的‘镇塘石’，其作用与镇海铁牛相仿，牢牢镇住海塘不致坍塌。世人在海塘石坎下建了一座庙，塑了大王菩萨神像，以守护此石，亦保海塘。而且庙内还立有一块石碑呢。”而据七堡居民区的张掌兴老人家说：“说起大王庙，晓得的人蛮多，从前还曾是七堡的‘堡房’，老百姓好来避风避雨，民国年代还驻过盐兵（盐务警察）。”言下之意，大王庙有点类似于公益场所。不过大王庙从建庙之时起就与七堡江段海塘不可分割，何况根据记载显示，从盐官逶迤西来的石塘修筑到七堡就戛然而止，再往西直至乌龙庙这段海塘，则改为了“柴塘”，大王庙也就成了两类不同筑塘工程的重要交接处，所以七堡大王庙这个节点还是应该引起重视，且具有研究的价值。

写到这里，有必要再多说几句。七堡虽然是个老街小集市，但由于濒临钱塘江的特殊地理位置，可以说它具备了钱塘江文化的诸多元素。比如渡口盘头、航班渡船、海塘丁坝的历史，还有周边百姓的坍江逃荒，挑盐扳鱼、抬石抢险等经历，加上这个水陆码头特有的商贸习俗和市井生活及乡间的沙地风光，都极富个性特色。而且老街还留下了一些看得见、摸得着，实实在在的遗迹，这都是十分可贵的历史文化遗产和档案资料，更是研究和传承钱塘江文化的一个理想的实地样本（尚未拆迁），希望能引起各有关方面的关注，得到应有的搜集、挖掘和保护。

钱塘江北岸海塘概述

沈树人

钱塘江海塘位于钱塘江河口两岸，是杭嘉湖、萧绍两大平原防洪御潮的主要屏障。在其保护范围内有耕地近1000万亩，是浙江省粮油、棉麻、蚕桑的主要产地，也是我国历史上田赋收入的重点地区，物产丰富、经济繁荣、人文荟萃。

钱塘江海塘承受着山洪、海潮、风浪三大动力的作用，特别是涌潮的自然力量，远非一般结构的堤塘所能抵御。再加上河口段的河床和岸滩均是疏松的粉沙土质，在山洪和强潮的长期冲刷下，主槽迁徙不定，从而导致海塘坍毁，桑田成沧海的突变在史籍中屡见不鲜。在具有如此复杂动力条件和地质条件的河口段两岸，历史上不断出现建塘、退塘、复塘的情况。海塘结构形式、塘工修筑技术，经千余年的探索、改进、实践，终于形成了举世闻名的海塘工程，两岸海塘塘线总长317千米，除去山体，海塘实际长度为280千米。以江为界，分为南岸海塘和北岸海塘两大部分。

钱塘江海塘除主塘外，还有塘外支堤（塘）19条，实际长度214千米。在海塘和支堤以外，又新建围堤99道，总长达547.04千米。

由于支堤、围堤的不断兴建，促使钱塘江海塘大部分地段是塘外有塘，不再临江临水。目前仍紧临江水的塘身仅北岸海塘杭海段闸口至杭州支堤两端、老盐仓至尖山和大小山圩等6段，盐平段泰山至蓝田庙等4段，其余均已退居到二、三、四线。

（一）

钱塘江北岸海塘古称防海大塘、捍海塘、障海塘、太平塘，也曾称为浙西海塘。海塘西起西湖区转塘狮子口，横贯杭州、余杭、海宁、海盐、平湖五市（县、区），东至平湖市的金丝娘桥止。与上海市的江南海塘相连接，塘线实长137千米，主要是防御海潮、涌潮、风浪，上游的杭州、海宁段则还要防御山洪。

北岸海塘的兴筑年代已无可查考。据发掘出来的考古资料显示，生活在这一带的先民已懂得利用自然堆积物防潮，并进一步用土堆堤，以防海潮，但史无记载。历来虽有春秋时期范蠡围田建堤，汉代华信修筑钱塘等说，也仅见于私家撰述的志籍之中。现存最早的有关北岸海塘的正式史料为《新唐书·地理志》所载："盐官有捍海塘堤，长百二十里，开元元年（713）重筑。"

北岸海塘由杭海段海塘和盐平段海塘组成。

杭海段海塘自西湖区转塘狮子口至海宁、海盐两市县交界处的高阳山上，塘线总长92千米，除去山体，海塘实长82千米，江干段海塘是其中十分重要的一部分。而盐平段则从高阳山起至平湖金丝娘桥止，实长55千米。

历史上，杭海段的塘线位置与现状并不一致，而是分段兴筑，逐步连接，并随着江岸的变迁不断向前推进或后退，以变应变，逐渐形成现在的走向和规模，从这里也可以大致看出钱塘江岸线的变化。

唐代，杭州、盐官等地已有海塘。除史籍有开元元年"重筑"盐官捍海塘的记载外，另据唐代诗人崔国辅《宿范浦》诗云："月暗潮又落，西陵渡暂停。村烟和海雾，舟火乱江星。路转定山远，塘连范浦横。鸱夷近何去，空山临沧溟。"诗中提到的定山又名狮子山，在杭州西南转塘附近；而范浦即范村，在梵村西，诗中景物，表明当时杭州梵村一带已有海塘。

五代后梁开平四年（910）八月，吴越王钱镠在通江门、候潮门外筑塘。由于潮流冲击，工程受阻，于是祭天祷神，并命500精兵持强弩以射潮头。虽然事属迷信，但充分体现了钱镠筑塘御潮、战胜潮患的决心。最终因创造出竹笼石塘与潮流改道，塘始稳固。

宋代筑塘的重点仍在当时的钱塘、仁和县境内，先后有21次。北宋大中祥符五年（1012），海潮直逼杭州城垣，危及居民，知州戚纶、转运使陈尧佐以埽岸易柱石以护其冲，创建柴塘，但众人颇非其法。七年（1014），诏江淮发运使李溥、内供奉官卢守勤按视，仍采用钱镠竹笼石塘之制，用工数百万功不就，卒用陈尧佐议，九年（1016）堤成。景祐年间（1034—1038），知杭州俞献卿、工部郎中张夏采石修塘，是为石塘建筑之始，自六和塔至东青门共12里（一说4640丈），众赖以安。

南宋初，仁和白石至盐官上管之间发生“百里生聚，荡为洪波，堤捍百端，随即沦毁”（《淳祐临安志》）的江岸坍蚀突变，到南宋绍兴三年（1133）方定。开禧三年（1207），杭州艮山门外仍有潮水冲荡沿江石塘、民舍。嘉定十二年（1219），盐官海失故道，十五年（1222），县南40里尽沧于海，古捍海塘只存10余里，命浙西提举刘垕于盐官县治南北各筑土塘以捍咸潮。

元代，海宁发生岸崩塘毁的突变四次，曾创筑石囤木柜塘护岸抢险。泰定四年（1327），盐官海岸发生圮塌，浸坍陆地19里，命都水少监张仲仁前往治理，离岸线29里多，下石囤443300多块，木柜470多个，工役万人，至致和元年（1328）始岸稳塘固，大溜南移，水息民安，于是改盐官州为海宁州。

（二）

明代先后修筑杭州、海宁一线坍毁海塘达16次之多。最著者有：永乐九年至十一年（1411—1413）曾筑土、石塘岸11185丈（包括海盐部分）；成化十年至十三年（1474—1477）修复海宁因岸崩而坍毁的海塘，并筑备塘10里；以后海宁又在弘治五年（1492）和嘉靖七年（1528）两次因岸坍塘崩海溢而兴工筑塘；万历五年（1577）修复海宁为风潮所毁海塘，三十三年（1605）兴筑钱塘宝船厂塘堤，四十年（1612）在海宁城旁建造占鳌塔，又名镇海塔，以为可以镇潮消灾；崇祯元年（1628）海啸，海宁潮头直架树梢，庐舍荡析，灾后修复海塘。

清代康熙四十二年（1703），水势又开始北趋，康熙五十九年（1720），“江水海潮尽归北岸”，仁和至海宁一线主塘面临崩溃的危险，从而出现了清代“抢修险工，重修要工和系统修筑北岸杭海段海塘”的局面。康熙五十七年（1718），在海宁首先兴建大石塘958丈，五十九年由浙江巡抚主持，在浦儿兜至姚家堰间筑鱼鳞大石塘500丈，并建柴塘1055丈。雍正年间（1723—1735），继续在海宁险要地段兴建乱石塘1290丈，条石塘500余丈，以及柴塘、桩板塘等，并在塘前筑盘头、建坦水，着手修复塔山坝，在塘后浚塘河、筑备塘。以上各类海塘，除500丈鱼鳞大石塘外，均先后坍坏。

乾隆年间（1736—1795），鉴于以上经验教训，改变筑塘工艺，开始着手建设稳固经久的海塘，并加强塘工管理。乾隆皇帝曾六下浙江，四临海塘，专程察看，亲自擘划，可见对海塘工程的重视。乾隆元年（1736），首先新建海宁绕城鱼鳞石塘505丈，二年（1737）四月，大举兴建海宁城以东、以西石塘，至八年（1743）二月告竣，共6098丈，条块石塘542丈，块石塘1156丈，柴塘2625丈，可以说规模空前，从而使仁和、海宁一线海塘得有近百年的安谧！以后，道光元年至十九年（1821—1839），同治三年至光绪元年（1864—1875），均曾较大规模地修筑仁和、海宁一线海塘，其中新建鱼鳞石塘6228丈，还改建了一部分旧的鱼鳞石塘。可以说是清代奠定了杭海段海塘的现有规模：上起转塘以南的狮子口，经留芳岭、六和塔、白塔岭、乌龙庙、七堡、翁家埠、老盐仓、盐官城、陈汶港直至尖山。并称乌龙庙以西的上游塘段为“江塘”，乌龙庙以东的下游塘段为“海塘”。同时还筑有第二线备塘，自乌龙庙起至庆春门外的景芳亭为“石塘”，景芳亭以东至盐官城（海宁）、再至尖山均为“土塘”。其中乌龙庙至章家庵段原为主塘，乾隆年间加固改建了塘前的范公塘（即今杭海路）后，退为备塘。从这里可以看出，明、清两朝是海塘修筑最为重要的时期，钱塘江明清海塘是中国水利史上著名的三大古建筑，它和钱塘江涌潮朝夕相处，承载着浓重的历史沧桑和深厚的文化积淀。

（三）

到了民国时期，由于西方科学技术的输入，钱塘江海塘的修筑也逐渐采用新材料、新技术。

民国八年至十六年（1919—1927）在海宁的下七堡、下八堡新建重力式混凝土塘1611米。民国十七年（1928）在修筑、加固海塘的同时，制订以治理河口江道为内容的治本方略，并随江岸变化分段实施，稳固了杭州城东一带海塘。

在此后的十年间，曾采用板桩修筑、加固海塘，新建斜坡式石塘和弧面、台阶面的斜坡式砌石塘1085米等。抗日战争时期，海塘沦为敌占区，废防失修，祸患严重。抗战胜利后，民国三十五年（1946）初，抢修危急险工，继而成立钱塘江海塘工程局，组织钱塘江海塘工程视察团，修复海塘并重拟整理江道计划，抛筑护塘治江丁字坝，并新建海宁城南混凝土块塘34米，陈汶港扶壁式钢筋混凝土塘167米等。

但此后工程进展缓慢，至1949年，杭州四堡海塘抢险护岸工程、海宁陈汶港斜坡式混凝土块海塘工程，以及多处海塘缺口的修复工程和危殆塘身的重建工程，等等，均未能完成。据有关资料显示：至当年10月份调查，钱塘江两岸塘身共坍毁达6.42千米，部分损坏达4.41千米，塘前坦水全毁10.73千米，部分冲坏6.18千米，已处于相当危险的境地。

（四）

新中国成立后，党和政府对钱塘江海塘建设非常重视，按照轻重缓急的原则，有计划地对杭海段海塘进行修复、加固和新建。

首先，抢修缺口险工、固滩护塘、巩固加强主塘。从1949年5月开始，继续抢修民国时期遗留下来的未了工程；修建海宁陈汶港斜坡式混凝土块堵复坍溃的四段缺口，抛筑杭州四堡一带密距短丁坝和护岸工程，分别于1950—1957年间完成。在抢修、加固该段海塘过程中，1952年海宁马牧港、老盐仓附近江槽开始北移西摆，到1953年2月朔潮后，塘前滩地坍势加剧，日坍最大速度达245米，并迅速向上游翁家埠发展。3月17日下午，翁家埠“遐”“迩”字号鱼鳞石塘在大溜顶冲、底脚淘空情况下，坍缺43米多。当时立即抢筑月堤、月塘以阻江潮漫溢。随后又修建柴塘、沿塘脚抛石7.93千米，修筑柴笼护岸1.44千米，并抛筑挑溜丁坝组，持续抢险8个月之久，终于转危为安。临时所堵的塘身于1960年修复。

20世纪六七十年代继续加固杭海段海塘。总计先后新建海宁陈汶港斜坡式干砌混凝土块塘1.70千米，杭州三堡至海宁果树山之间斜坡式干砌、浆砌或混凝土灌砌块石塘5.16千米，杭州闸口后倚式浆砌块石塘0.75千米，拆筑重建海宁境内鱼鳞石塘、大石塘3.77千米，并理砌鱼鳞石塘、整理坦水、兴建护塘墙等工程。

其次，加固原有支堤。海塘外的支堤原来都是土堤，其中三堡附近的一段杭州支堤因贴临主槽，于1952年将其建成永久性的斜坡式浆砌块石塘，其余支堤则增高培厚、植草、抛石护面。1958年开始，在继续加固主塘的同时，展开支堤的加固建设，其险要堤段先后改建成斜坡式砌石塘，新加固完成上泗支堤4.34千米，杭州支堤6.79千米，北沙（即下沙）支堤4.69千米。

最后，结合治江，筑堤围涂。在钱塘江河口滩涂上圈筑围堤，虽有历史传统，但真正着意立足于固守防护则始于1954年和1962年在北沙新筑的乔司第2、第3号大堤。20世纪70年代起，根据钱塘江南岸的成功经验，从杭州上泗周浦起至下游海宁老盐仓，在支堤之外乘淤突击围堤，建成后，先行抛石护坡，对已达治江规划线或将较长期临江的堤段陆续改建成斜坡式砌石塘。此后海塘建设的重点转向围堤的新建和巩固。到1989年底，在杭海段海塘支堤以外，先后新建围堤28道，计136.03千米，其中建成斜坡式砌石塘的有62.05千米。此后的钱塘江标准海塘建设保留了明、清年间的海塘，并以板桩提高海塘抗冲能力，以加固提高海塘整体稳定性，使明、清海塘焕发青春，依然屹立在钱塘江两岸，彰显着旅游与文化、景观与文物的和谐共存。至此，千百年来屡建屡毁、屡毁屡建的钱塘江杭海段海塘终于得以稳固，成为一道安全屏障。

钱塘江海塘管理和塘兵

沈树人

查阅有关钱塘江堤塘的资料，发现这样一个现象：历朝以来，无论朝廷或官府，对钱塘江堤塘修筑都比较重视，投入大量钱粮，屡毁屡修，直至稳固。而相对于修筑好之后的管理，记载就比较少，年代也比较晚，似乎显得有点厚此薄彼。事实上，有效的管理对于海塘的长久稳固非常重要；而真正对钱塘江海塘实施较为规范的管理，是浙江巡抚李卫在清朝雍正八年（1730）开始推行实施的。雍正八年五月，浙江总督兼管巡抚事李卫奏请朝廷，准予仿照黄河河防体制，钱塘江海塘设千总、把总各一员，塘兵200名，分守钱塘江东（海宁）、西（仁和）两塘，负责修防，归杭嘉湖道管辖。这是清代设置钱塘江海塘专门管理之始，也是采用分防、建汛管理之始。这当中，江干段的乌龙庙和宣家埠又是两个不可忽略的重要节点。

关于海塘和江塘的划分。据《明清钱塘江海塘》记载：北岸以仁和县乌龙庙为界，乌龙庙以东为海塘，乌龙庙以西则为江塘。南岸以原萧山县西兴为界，西兴以东为海塘，西兴以西则为江塘。乌龙庙作为海塘和江塘管理的分界点，在北岸整个堤塘线中，位置显得颇为重要。

在雍正之前的康熙五十九年（1720），浙江巡抚朱轼以南北两岸塘患频仍，应设“专员岁修，以保永固”。经奏准在杭州、嘉兴、绍兴三府各设海防同知一职，“专任责成，小有损坏，即时修砌，其属辖之巡检场员听其调委分任”（见《雍正·浙江通志》卷六十四）。这是清代设置专职人员管理海塘的开端。到了雍正八年（1730），浙江总督兼管巡抚事李卫经实地踏勘，并根据海塘损毁的实际情况，审时度势，提出应变对策。他认为：“乌龙庙至海宁一线海塘险工绵长，变幻不测，而专官者惟海防同知一员，若遇工程，皆须临时调委各属佐杂分管，完竣之后即回本任，保固、稽查仍只同知一人，即使往来奔走，然而百里之遥，东坍西卸，昼夜靡宁，岂能兼顾。”（见《两浙海塘通志》卷十七）就是说对于海塘抢险，那种来时一窝蜂、走时一阵风，而平时光靠海防同知一个人东奔西跑地查看，肯定是无法应付、不可能解决根本问题的，这是其一。

同时李卫还指出：“一旦工程开工，人夫俱从乡民雇觅，来则一时乌合，去则四散归农。毋论原系佣身食力，工程漫不经心；如若遇上民间蚕、农两忙季节或晨、昏之际，风雨、大潮猝然而至，此时乡夫雇募不前，耽延时日，必将贻误紧工。”（见《两浙海塘通志》卷十七）意思是临时招来的民工，对工程漫不经心，是凑数而来的乌合之众；要是碰到像农忙、风雨交加的晚上等特殊情况，他们自己都顾不了，岂肯应募而来。从而延误了抢险时机，这是其二。

另外一个重要环节是：“又如沿塘看守，不过总甲地保，每图充派老民数人，尚有本身应办地方公私事务，安能昼夜在于海滨瞭望巡查；及至事后驰报，已是波涛汹涌，患口毗开，不但工程多致棘手，而且为害匪轻也。”（见《两浙海塘通志》卷十七）这第三条十分明白：由于没有专职人员守护巡查，不能及时发现隐患，加上信息传达迟缓；一旦发现，为时已晚，小灾也早成了大灾。

李卫认为：以上三条就是导致钱塘江海塘屡修屡毁的重要原因。用现在的话来讲，叫作管理严重缺失。为了彻底改变这一被动状况，李卫打算仿照黄河河防例制，用来管理钱塘江海塘。他据此上奏朝廷并获准，于雍正八年（1730），设海塘千总、把总各一员，兵士200名，于现在各夫内挑选谙练者补入兵额；其中马战兵6名，步战兵14名，守兵180名。分驻海宁城之东、西海塘，属（杭嘉湖）道、（同知）厅管辖，编制附入杭协水师营。并规定：一应工程俱着该千、把总督率各兵专管，分段看守，则寒暑昼夜可不致暂离。有了这支队伍之后，塘工技术得以相互传授，数年之后，当可谙熟；猝有急工，立时堵御，可免稽迟贻误。（见《雍正·浙江通志》卷六十五）用现在的话来讲，就是初步建立起一支专业抢险应急的快速反应部队，常年驻防。为保护海塘服务，这就是后人所说的塘兵。也是李卫为建立钱塘江海塘专门的管理养护组织机构迈出的第一步。

有了这实质性的第一步，后面的事情就有章可循了。

到了雍正十一年（1733），此时的李卫早已调任为直隶总督，然而就在这一年的三月，他再次奉命和内大臣海望一起，到浙江通盘相度海塘形势，经实地踏勘后认为：自仁和至乍浦一线，海塘不下300里，“若无专管人员，将来不无废弛之患”。尤其是北岸海塘，“前所委杭嘉湖道一员带管工程，非其专职；所设杭、嘉两府海防同知二员，千、把总各一员，兵士二百名，亦恐照料难周。奏请专设道员一员，加海防兵备副使道职衔。添设同知一员、守备二员、千总三员、把总七员、马战兵五十四名、步战兵一百四六名、守兵六百名，总共增加兵员八百名”。（见《雍正·浙江通志》卷六十六）简言之，扩大兵员编制，提高机构级别，充实各级官员。

人员问题解决之后，经费又怎么办呢？李卫、海望等认为：“当时塘工岁修钱粮每年不下数万两，成立营、汛组织以后，即可以兵丁充夫工修护海塘，减少岁修钱粮支出；且海塘有官兵巡查照看，能随时修补，得以保固；工暇之时，仍令勤加操演，海疆亦得藉兹防御。”（见《雍正·浙江通志》卷六十六）这里说得很明确：经费由每年的塘工岁修钱粮中拨付，而官兵在工余时仍能行使军队职责，既是工程兵、又是警备队，有点像现在的武警部队。

人员和经费都得到了保证，具体实施方案和人员配置、各项措施又将如何运作呢？李卫等人奏准朝廷，作如下安排：“海防兵备副使道驻海宁，以便于查阅工程，稽查官弁，考核钱粮。北岸海塘前、后所设海防同知三员中，原管理海盐、乍浦塘工的海防同知仍驻乍浦外；原设杭州府海防同知一员驻海宁，另添设海防同知一员驻仁和。守备两员分为左、右两营，分驻海宁城之东、西，分别管理从乌龙庙（八仙石）起至平湖金丝娘桥段海塘。其余千总、把总12员，兵士1000名分别驻守在宣家埠、章家庵、翁家埠、关帝庙、老盐仓、靖海、镇海、念里亭、尖山、澉浦、二寨（海盐界）、行素庵（平湖界）等12汛（见《两浙海塘通志》卷十七、卷十三）。李卫在奏折中对各级官员的职责、分工、管辖范围作了明确规定，士兵驻地和防卫区域也给予合理的划分。根据资料记载：当初宣家埠汛（乌龙庙至宣家埠一段）的人员配备为把总1员（官员），马战兵3名、步战兵9名、守兵39名、共计兵士51名。其余各汛人员配备，视具体情况不同而增减。各汛官员、兵士平时各守其职，一旦发生险情，随时调动、支援，抢险能力有了很大的提高。在随后几年的抢险工程实践中，也充分验证了这一点。

从这以后，钱塘江海塘管理开始逐步走向规范，而且收到了很好的效果。到了乾隆二十八年（1763）以后，这种营汛组织已成了清代海塘管理的定制，一直延续了下来。

通过对以上这段历史的回顾，我们应该充分肯定，李卫对于钱塘江海塘管理倾注了大量心血，是功不可没的。

走马塘曾是古海塘

顾国泰

江干区境内在历史上有多条堤塘，这些堤塘都是为了抵御钱塘江潮水和水患而修筑的。而后来随着地域的变迁，这些堤塘又大都演变成了道路。今天我们就通过走马塘的历史变迁来领略一下江干地域沧桑之变的历史痕迹。

一部海塘史，讲述的是老百姓怎样围垦海涂，与潮水争田夺地的历程。我们听得最多的便是吴越王钱镠的“捍海塘”，其实我们还可以从更远的年代与更远的地方去寻找，比如艮山门外走马塘它就是一条捍海塘。

我们知道“方隋筑城时，吴山东南皆江。西北尚凿石为栈道”：中山中路上的羊坝头曾是坝，官巷口古称官涧口——有涧水潺潺流淌……；明代“天宗水门外（今武林门一带）大河，古谓之泛洋湖。正德年间，其居民启土掘出一大船，乃是泛海之舟，规制甚异”。而艮山门东城上有望江楼，艮山门外的沙田里“昔为江沙海湖故道，初垦时为沙田，故名为沙田里”——种种迹象表明，远古时代的潮水，曾在这里肆虐过。那么后来怎样会变成陆地的呢？毫无疑问，除了钱塘江上游冲刷下来的泥沙，加上海潮涌上的泥沙堆积外，另外很重要的一个原因，就是我们的先民通过筑塘堤、围垦海涂等手段，一步步把海潮逼退到今天这个位置的（即便今天仍在延续）。史载艮山门外东北面曾有两条古海塘，从地理位置判断，它们当早于钱镠时的那条“捍海塘”。

一条从庆春门外起，到笕桥机场内的樟木桥止；另一条“自艮山门外二里转塘头起，东过诸葛庙、石陡门祠、祠堂坊、姚陡门、枸橘弄、斋僧馆、逯家亭、笕桥、喻家弄至茶花村止，共十里”。这两条塘堤“在樟木桥处交合”。为了有所区别，从庆春门外起的那条叫南塘（清乾隆年间还在，今已不存）；从艮山门外起的那条称北塘（南塘晚于北塘），北塘后称走马塘，走马塘是今天机场路的前身。南宋《咸淳临安志》记载：“走马塘，在艮山菜场门外，地平坦，可驰马，故名。旧有花柳，号城东新路。”这条不知何时修筑的古塘堤从现在的机神村附近（转塘头）起，沿三里亭街、三里亭、石陡门桥、池塘庙进入枸橘弄里街，于街尾向东横穿机场路，经过花园村（斋僧馆）向东，过黎明村（逯家亭），于笕桥医院处向西，回穿机场路，北入现笕桥直街（即里街），于街尾进机场内，经过当时的喻家弄抵达茶花村。因为有了这两条塘堤的保护，艮山门外水退人进，开始人烟生聚，渐渐形成村落，终于有了今天的繁荣景象。

由于没有更早的史籍记载，我们无法知晓笕桥一带是何时成为陆地的。但就当地百姓祭祀古代城东一带治水之神防风氏一事来看，其历史可一直追溯至四千年前的良渚文化时期。而在南宋之前，南塘作为塘堤已完成它的历史使命成了能跑马的城东“新”路。

古海塘遗址

走马塘在宋时又称城东九里松，松林之密说来不信，从地图上看，三里亭附近古称松盛镇、枸橘弄称松源镇，松树之多，信非虚言。自从有了塘堤后，老百姓为了护堤，就地取材，沿线仿城西灵隐、天竺路栽植松树，从三里亭附近的诸葛庙起，经现笕桥机场左侧的应家桥，向南一里朱婆桥、再一里与南北塘堤交合处——樟木桥止，共九里，故称城东九里松。到了清朝年间笕桥一带的乡人，大多是沿着这条官道，挽着丝篮儿，挑着菜担儿进城去的。也许有人会以为，既然是城东要道，路一定很宽，其实不然，据走过“城东九里松”的笕桥老人易志根说，它无非五六步的宽度，沿线除三处老街铺有石条外，其余都是泥路。塘基比田地也高不了多少。

走马塘纵贯笕桥镇，古时“凡苏秀各路紧急邮递暨贩马官商，悉自临平驿路抵赤岸桥、杨家桥、沙田畈，以抵此塘入城，俗称马路”。苏指苏州，秀乃嘉兴。

清代时走马塘有两件事值得一说，一是乾隆年间（1736—1795）一位名叫翟灏的城东文人，他痛心于艮山门外一向“罕涉文艺，志载既稀，见闻弥寡”的历史现状，不顾年老体迈，长年奔波于走马塘沿线，写出八卷《艮山杂志》对城东地区作了较为详细的记载，从而使杭州的历史趋于完整。

另一件是咸丰十年（1860）3月，天京（今南京）被清军江南大营包围，太平天国危在旦夕，当时主持太平天国军务的洪仁玕估计到正面难以攻破江南大营，就想出“围魏救赵”之计——围杭州以救天京。杭州为清政府的重要经济来源地，杭州一失，势必触动清王朝的神经中枢，所以忠王李秀成带兵围攻杭州时，清军果然中计，李秀成随即放弃杭州，成功回援天京。次年12月29日，李秀成再打杭州，攻占后考虑到笕桥地理位置重要——“扎一营而十营之坚稳也”，就在笕桥设“大营盘”，随后数年内，走马塘上尘土飞扬，战马萧萧，直到1864年3月方才撤出，笕桥后来就称之为“大营笕桥”。

民国时，杭州一个叫王竹斋的富商走过这条古塘堤，时间是1926年10

月，当时军阀混战，浙江大乱，国民军第十八军军长兼浙江省省长夏超与军阀孙传芳之淞沪警备司令宋梅村开战，结果夏军战败，宋部乘势长驱直入，进驻笕桥，扬言欲入杭州“大索三日”，杭城一片惊恐，这时王竹斋临危受命，急忙筹款数百万，只身一人携款沿走马塘前往笕桥游说，结果宋梅村没让部队入城，杭州百姓总算免去了一场浩劫。

走马塘于1931年发生巨变：当年因建笕桥机场，连带改建走马塘（建机场与机场路在杭州也属一件大事），就沿这条之字形古道的中轴线，辟出一条从应家桥起，到现闸弄口十字路口止的机场路（有多处弯道）。这条路在新中国成立后几经扩建，原先两辆车交汇必须减速的狭窄且弯曲的道路基本拉直，马路从双车道、四车道至六车道，一次比一次宽阔。尤其是2008年10月完工的此项拓宽工程，四车道拓宽为双向六车道，连慢车道也拓宽至7.5米，使得机场路成了真正意义上的城东大道。

走马塘自古至今共有十多种称呼：北塘、官园路、城东新路、城东九里松；历经元明清，到民国二十年（1931），先后改名为杭海路、杭平路、中央航校路（1986年出版的《杭州市地名志》里，又叫杭塘路）；民国三十四年（1945）为庆祝抗战胜利，更名为凯旋路；1949年杭州解放，将庆春门至笕桥一带改为杭笕路；1966年“文革”时，称红卫兵路；1981年至今称机场路。

“城东旧路有遗踪，南宋曾栽九里松。”这条古塘堤曾是“东园十景”之一，叫“新路踏青”。“宋时花柳萦纡，是宸游看新绿处，号‘城东新路’。”

这条千年古海塘今天更美了，十里绿樟，四季花开，别说南宋君王踏过青，连远在西太平洋彼岸的美国总统尼克松，当年也曾透过车窗，悄悄观赏过沿线的秀丽景色呢。

往事访谈

WANGSHI FANGTAN

五堡轮渡的最后时光

沈志荣

时间：2007 年 6 月 25 日

地点：杭州钱塘江畔五堡轮渡码头

晓俞（报社记者）：接到采访部主任布置的任务后，我特地赶来乘坐这最后一班五堡渡轮。当汽笛响起，渡轮起航的时候，我和全船的人一样凝视着浑黄的江水拍打船舷，一任江风吹抚着衣襟，我们都怀着一颗恋恋不舍的心。

来采访前我做了功课：从以前的手摇船，到20世纪70年代的木帆船，再到眼下的“浙杭州客303”号铁皮客船，60多年来，五堡轮渡已累计输送了钱塘江两岸的上百万客人。

轮渡靠岸停泊在码头上，人们离船的一阵忙乱后，水声哗哗，我踏上江岸，回望锈迹斑斑的渡轮，那里只剩下一片狼藉和萧条。是该告别曾经的繁杂与喧吵了。

天下起雨来了，最后的乘客们渐渐散去，只有“浙杭州客303”号客船孤零零地停在钱塘江边，船上已空无一人。经历了近20年的风吹雨打，客船略显沧桑，船身上的漆有不少都已脱落，船尾的踏板经百万人的踩踏后，已变得雪亮。此刻，在钱塘江杭州段，五堡轮渡将悄然终结它的百年使命，码头历史将在钱塘江航运史上定格。

江风、海塘、轮渡码头……雨越下越大，从轮渡售票处方向缓缓走来一名中年男子，他中等个头、面色黝黑，双眉紧皱，一脸深沉。男子上了船后，在铁踏板旁蹲下身子，依依不舍地摸着雪亮平滑的踏板。约两分钟后，他叹着气站起身，绕着船身慢慢地踱步，而双手却一直没有离开过船弦的铁栏杆。从他身着的工装上得知这是一位轮渡工作人员，我正好采访一下吧。

屠老大（“浙杭州客303”号客船机工）：记者好，我姓屠，今年45岁了，从事轮渡工作已经有29年，算得上是个老船工了。我负责船的日常保养维修工作，每天跟着客船往返在钱塘江两岸。我参加工作后，原先在七堡轮渡工作，一干就是19年。1997年，七堡轮渡全线停航，这才转到五堡轮渡来工作。我们渡轮站有11位工作人员，7名负责在船上工作，另外4人在船下做售票员等等，个个都和这条船缘深情浓。我们中有的是子承父业，有的因轮渡成就了美满姻缘……因钱江新城建设需要，五堡轮渡全线停航。我们现在不得不告别轮渡，但它已成为我生命的一部分了。

五堡轮渡只有“浙杭州客303”号这一艘船，全靠它运送来往于五堡和萧山之间的客人。船是1987年制造引进的，价值数十万元。大家守着这艘船已经近20年了，我是守了最少的，自从10年前来到五堡后，也就没有离开过这艘船，和它整整相伴3650天了，现在要停了，真的舍不得……从接到停航通知开始，我都有一个星期没睡好了，心里放不下啊。

（屠老大还悄悄地附在我耳边对我说：正是因为轮渡，他才幸运地认识了江对

浙杭 303 客轮停航了

岸的萧山姑娘，并结婚生子，这条船带来了幸福的爱情、幸福的一生！）

（今天是最后一天，轮渡员工在食堂聚餐，算是吃顿散伙饭吧。屠老大他们平时吃饭，都在轮渡口的小食堂里。在这里，我们见到了五堡轮渡的罗站长。）

老罗（五堡轮渡站站长）：我今天心情不太好，刚才喝了不少酒，心像灌了铅一样，沉甸甸的。我父亲生前也在五堡轮渡做船老大，大家都叫他“兴法师傅”，年纪轻的叫他“兴法伯”。我家是道道地地的钱塘江人，就住在六堡村的海塘边……我们一家与这里的船码头是有世代交情的。我相信父亲知道轮渡停航肯定也会觉得很遗憾，他去世前还叮咛我一定要好好守着这轮渡。十几年前，父亲退休后，我接替了父亲的工作，也干起了船老大。由于深爱着这条江、这条船，我工作很勤快、很努力，不久就升职当上了站长。

轮渡的时间一年四季都是固定的：清晨6点开船，下午5点半停航。往返一次一般约半个小时，一天总能跑30趟左右。客人大多是租房在五堡，工作在萧山的外地人和附近的菜农。

本来单位规定早就该停航了，可是面对仍旧赶来的不少老客人。他们知道要停航后都很难过，加上我也想再驾驶下这艘船，就私自决定再跑三个来回，直到8点才正式停航。从此钱塘江杭州一带就全线停航，往后也不会再有，钱塘江轮渡的日子结束了。

（说到这里，我们看到罗站长的表情庄严肃穆，嘴唇紧抿着，眼眶里有泪珠儿在打转……）

（这时，我们看到有一位头戴草帽的老大爷，背着手站在客船旁遥望江对岸。他望得出了神，嘴里在喃喃自语：“我的表兄弟们都在对岸，现在要去看他们可不方便了。”）

张大爷（世居江北岸的老农民）：我今年80多岁了，就住在离五堡轮渡不远的地方。听说轮渡要停航了，心里像是被啥挖去了一块。

这五堡轮渡少说也有60多年的历史了，新中国成立前，客人往来乘的是手摇船，速度很慢，遇到风大和涨潮时总是要停航。大概是30多年前，手摇船换成了木制柴油船（机帆船），速度和安全性都有了很大的提升，但每次载的人不多。直到20年前，有了"浙杭州客303"号客船，船票价格便宜，速度快，还稳当。

6月20日那天，一张红底黑字的《通告》贴上了五堡轮渡船舱入口处。通告说：根据杭州市政府办公厅文件，五堡轮渡不再保留，因此公司决定从2007年6月25日起停止营运。发布单位是杭州钱塘江客运旅游公司。这消息，附近的老百姓都在传来传去，很舍不得。

我的表兄弟们都住在对岸萧山，这就注定了我要和轮渡结缘相伴了。13岁起，我就挑着东西乘船来往在两岸之间。那时光买张船票只要1毛钱。后来客船票价随着物价也涨了，但也不贵，从1.5元到8元不等，三轮车、电瓶车、残疾车等都能上船，挺方便的。这五堡周围一带的人家大多数是从对岸萧山搬迁过来的，而且还有很多亲戚仍旧住在江对岸。轮渡停航，走亲访友就很不方便了，大家都要从钱江三桥去绕了，哎——

（这时，我听到有人喊"沈经理来了"，就忙迎上前去采访。）

沈祥鑫（钱塘江客运旅游有限公司经理）：五堡轮渡停航，其实我们也很不舍。这个码头60多年里走的都是这一条航线。20年前引进"浙杭州客303"后，一直就靠这艘船运送客人。10年前是五堡轮渡最辉煌的时刻。以前市民要过江只有3条路：钱江一桥，南星桥轮渡和五堡轮渡。单是五堡轮渡，一天的载客量就达到两千多人。那时候，这艘渡轮是12小时不停跑来回。我还记得，当时的单趟船票只要5毛钱，后来当然是跟着油价水涨船高了。近几年虽然乘渡轮的人少了，从原来的每天2000人缩减到200人，但这200人基本都是固定乘客。当公司把五堡渡口停运的消息公布以后，大家都是一百个不愿意。这个渡口以后都不会再恢复了，我也和大家一样很无奈。

轮渡全线停航是根据杭州市发改委〔2007〕303号文件做出的决定。因为钱塘江三堡到八堡段要建造沿江公路，而乘客要到五堡渡口，就必须穿越公路施工现场，考虑到建设过程中的行人安全，所以才停用了五堡渡口。从市政建设的角度出发，停航其实是一件好事。轮渡毕竟是比较落后的交通工具，安全性不高，市政府一直提倡的“拆渡建桥”，也是考虑到市民的人身安全。钱塘江从三堡到八堡之间一共有6个渡口。只有五堡是客运渡口，其余5个全是货运渡口，老百姓俗称“黄砂码头”。而这5个货运渡口早在2005年就已经全部停用，五堡的客运渡口算是坚持到最后一刻了，留一声叹息吧！

晓俞（报社记者）：江风浩荡，望着奔流不息的江水，我思绪万千，身随风去，仿佛又回到了自己出生的鄂西故乡，在青山绿水之间，小河弯弯，阻隔两岸。奶奶带我坐上小小的摆渡船，轻轻掠过碧绿河水，踏上对岸高高的台阶……然后又到了读大学的江城武汉，看到了一座座跨江大桥，“一桥飞架南北，天堑变通途”……如今来到工作的杭州钱塘江边，同样是大桥彩虹般地横跨，一架又一架……大桥代替轮渡是历史进程的必然呵。

夕阳的余晖把每个人的脸都涂上一层庄重的古铜色。

再见，杭州钱塘江畔的最后一个客渡码头！

抗台风护家园

——1956年抗击台风灾害（之二）

亲历者口述：冯水钦
整理：潘桂方

1956年是农历丙申年。那一年，正是中国广大农村掀起从初级农业合作社向高级合作社大步迈进的时期。那一年的夏天，门前屋后的络麻长势喜人，足有2米多高，芋艿也长得有一人头高，一片丰收在望的景象。可是8月1日的那一场台风，由于其登陆我国时风力极强、破坏力极大而被历史铭记，台风使钱塘江海塘出现决口，水淹大片庄稼，部分农舍被毁，给当地人民的心中留下了难以抚平的创伤。

兴隆社区的冯水钦现如今说起那次台风还是记忆犹新。他回忆道：当时，自己只有十来岁。但二哥是民兵连长，当天在得知有台风的消息后，就和合作社的干部一起分头通知社里的各家各户，要社员提前做好防台抗台的准备。二哥回家后就指导家人如何加固草舍，在草舍外面的多处檐角拴上绳索，有几根绳索还抛过屋顶，每根绳索的下端都系在地下斜打的木桩上，然后再压上石块。因知道台风来自东北面，所以屋内的房梁和柱子上都在朝东北方向用毛竹或木头做好支撑，再打下木桩固定。

那时的家里还没有电灯，到了晚上只有点亮几盏昏暗的煤油灯，那灯芯上微弱的光亮在黑暗中忽闪忽闪的，那高大而粗犷的黑影在墙上和屋顶晃动，吓得那些胆小的人连大气都不敢出。那微弱的灯光还不时被不知从什么角落吹来的风吹得左摇右晃，大人们凭借着这微弱的亮光，在屋内各自的岗位上，该干什么正努力地干着什么。二哥拿着一盏煤油灯，在该支撑该打桩的地方一处一处地检查，发现有做得不到位的地方立即指出加以改进。

当时，屋外是大风呼啸，屋内是梁颤柱摇；屋外是暴雨滂沱，屋内是四处漏雨，犹如花果山水帘洞似的滴水如注。那一晚全家老小都没有睡，老人心忧睡不着，小孩因害怕不敢睡，成人有分工不能睡。当晚，凡能干活的人都安排到了相应的工作位置，每人承包一根房梁柱子的支撑杆，风声紧时，抱紧支撑杆，以增加支撑杆的重量提高抵抗台风的力量。老人和小孩都被安排躲在八仙桌下面，以防万一草舍倒塌时能避免受伤。

经过一阵接一阵紧张的忙碌，第一波的狂风暴雨终于慢慢地缓和了下来。到了后半夜，也就是8月2日凌晨，台风又卷土重来。幸好二哥头脑比较灵光，及时发现和感觉到台风的风向与原来的有所改变，所以立马对家人做出了防护调整的命令，将所有房梁柱子上的支撑杆及时转换支撑角度，即从原来东北向的支撑调整到西南向的支撑。大家齐心协力，拔桩头的拔桩头，拆支撑杆的拆支撑杆，马上转换好了支撑角度，不多一会，在大家的努力之下，所有支撑点都及时得以调整。

冯水钦与两儿子在新建的平房前

继续严阵以待，待到转向的台风再次来袭时，虽然狂风暴雨的猛烈程度不亚于前，但大家有了前面的经验积累，就没有原先那么害怕和担心了，心里战胜台风的底气更足了，战胜台风的信心也更强了。大家继以前法，继续抗台护家。由于能根据台风风向的转变而及时调整草舍梁柱支撑点的位置，使得防护措施有力又得当，一直坚持到台风离去时，草舍依然挺立在那里。待到天明，风停雨住时，草舍基本完好无损，大家都松了一口气。

但早上开门出去一看却惊呆了，门前原来一望无际的青纱帐不见了踪影，庄稼全部倒伏在泥浆水中，出门的路也都找不到了，成了一片沼泽地。已经长到2米多高的络麻全部倒伏在泥浆里，一人多高的芋艿也像被刀子割过一样，茎叶全部倒地，有的还被连根拔起。老人和孩子都被要求待在家里，不准外出，因为外面根本分不清哪是路，哪是地，哪是池塘。为了安全考虑，不让老人和孩子出门，一是怕贸然出门容易发生人身意外，二是怕出门踩坏地里的庄稼，不利于退水后农作物的抢救和恢复生产。

东面有三户邻居，是包云山、何文荣和王利利的家。不幸的是，他们三家都受到了不同程度的损失。不是他们的抗台防护措施没有做到位，而是他们没有及时摸清台风转向的情况，少做了适当调整支撑位置的动作，所以他们草舍的屋顶被台风刮跑了，导致家里的东西全部被雨水淋湿。其中一家是直头草舍，因朝向原因吃风面积特别大，所以损失更严重，整间草舍全部被台风吹塌了，不仅家里的东西被雨水淋湿，有些质轻的东西也被台风吹得无影无踪。所幸的是都没有人员受到伤亡。

风停了，雨住了，慢慢地水位也开始下降了，老天也开始放晴了。邻居家的女人们就在东面的池塘里清洗被雨水淋湿和泥浆泡过的衣服等。到了做饭的点上，他们过来借米和一些生活必需品以救燃眉之急。家里的正劳力都参加到合作社的排水保庄稼的行动中，他们下到地里，排除积水，清理路面，抢救那些倒伏的庄稼。能扶正的络麻全都扶正并培土加固，那些已经被折断的络麻就拿回来剥络麻皮，尽量将损失减少到最小程度。

台风过后，合作社的领导也来走访受灾比较严重的村民，了解受灾情况并表示慰问。根据实际受损情况，上级给那些草舍吹塌和被毁损的村民，每家每户送来了数根毛竹和木头，给村民恢复被毁家园提供了一些比较切合实际的帮助。在合作社的帮助下，何文荣和包云山家都先后修复了自己的草舍，过上了正常的生活。而王利利家选择了易地重建，选择去彭埠镇上重建新居了。

从草舍到高楼

——八堡农民邵连标的述说

董萍

“我是个农民，大老粗，没有文化的哦。”邵连标一口萧山本地话，憨厚地打开了话匣子。

他的一生，注定是与钱塘江连在一起的。

滔滔钱塘江，把两岸隔开，杭州江干这边叫江北，萧山那边叫江南。

邵师傅祖辈一直生活在萧山的义盛。旧时，沿江而居的人时常受到潮水的侵袭，一旦遇到大潮汛，堤塘塌方，上游山洪“笃落”来，田地坍进钱塘江里，人们无法生存。于是，同许多江边人一样，他的爷爷一根扁担挑起两只竹箩筐，一头小丫儿，一头破棉被，拖儿带女跨过钱塘江，把家从江南迁到了江北，到如今的八堡塘埠老沙头，在钱塘江淤沙堆积起的滩涂上，盖了间简单的直头草舍，一家人总算有了一个安顿之地。

当手的草舍

其实一个多世纪来，从江南沙地迁徙过来的人“木佬佬”，这些人家大多数要在这沿江沙地里落脚生存，盖草舍儿是第一件大事。

造草舍，手头总要有两张钞票。积攒下来的仅有的一点钱，是在决定迁往江北之前老早就有打算，是从全家人牙缝里挤出来的。

先要去富阳桐庐一带买回茅草、毛竹，从水路运到南星桥码头，然后再借朋友的钢丝车拉回，清早出门，把货拉回已是点点灯火时光。待到一切准备就绪，乡邻自然都会出手相助。邵师傅说了句老话：自古穷帮穷，富帮富，只有穷人才会相亲相助。

劈骨子，扎草片，搓草绳，人们各有分工。那时的草舍儿，是在草披上涂黄泥作墙体，很不结实，但迁徙过来的人家，有个遮风避雨地已经蛮好了。

草舍儿用空心毛竹做房梁椽子，上盖密密的茅草片，沿江一带的老百姓，给了它一个蛮好听的别称——“雕空椽子细盖瓦”，足见江干人困境中求生存的乐观与豁达。

曾记得几十年前笔者去乔司农场看望好友，在杭州葵巷的长命寺巷乘的九路公交车，只记得车过了三堡站头，路况就变得很差，坑坑洼洼崎岖不平，沿路没有像样的公共建筑，还能见到塌塌袢袢的茅草舍。

在邵师傅的经历中，住在沿江草舍儿里的人，都是穷得叮当响、吃了上顿没下顿的最底层贫困户，他们努力向钱塘江要地，不想失去每一次潮汛带来的泥沙，期望留住它们。他们围垦造地，披星戴月，不辞辛劳。他们在盐碱地上种棉花，种络麻，种瓜种豆，在这大片的沙土地上流汗水、讨生活，用勤劳的双手换取赖以生存的食物，一点一点地改变着生存的条件。而无情的潮水，往往使他们的希望破灭，把他们的辛劳摧毁。

邵师傅所在的八堡老塘埠外围，还有一条一条的泥塘，俗称茅草埂头，是人工挑筑起来抗潮水的，但因为比较简陋，虽然泥塘外侧有竹笼保护，但其阻拦潮水的坚实程度很一般，遇到大潮汛，江水翻着巨浪铺天盖地，漫过堤塘，直奔塘内人们的生活区域，简陋的草舍儿怎经得住巨大的冲击，瞬间犹如江水中的一叶扁舟，顺水飘去了。邵师傅说到这儿顿了顿，仿佛当时的场景又出现在眼前，他说，那种时候的沿江人，不知是怎么挺过来的，真当是贼偷一半，水淹全完。

不说潮汛发大水，就是遇到黄梅天，住草舍儿里的人也是叫苦连天。有的人家劳力缺乏，糊口已是很艰难，没有多余的钱买茅草修缮草舍，一到刮风下雨天，外面下大雨屋内下小雨，家里常备的十七八只破罐头统统拿出来接漏也来不及，八九月份有台风路过，顶上盖的草片整片被掀起吹跑，草舍儿就成了露天。

邵师傅不无感叹地告诉我，沿江人要过上安稳的日子，不但要围垦造田，向滩涂要地，还要围堰筑坝，防止江水冲进埂头。他从十五六岁开始，就跟着生产队里的前辈们去挑围垦、筑海塘了。当时，每个大队都各自挑选地方，看到一些滩涂长了芦苇和盐青，就挑土围起，再慢慢开荒成地。

沙地人都知道，他们落脚的这片滩涂，一直是多灾多难的地方，海潮，塌江，台风，上江水“笃落”，围垦需要和时间赛跑，在潮起潮落的间歇，与江水抢夺土地，所以每次大围垦多会选在冬季和春季潮水比较小的时候。

八堡社区的邵连标在讲述

他自豪地说，我们这里迁过来的沙地人，一辈子苦惯的，吃得起苦。相信只要坚持，总有一天会把滩涂改造成良田。你们看，现在的变化就摆在眼前：

20世纪80年代初期，邵师傅拆了朝南的横头草舍，造起了平房。说是平房也比较简陋，墙头是黄土夯墙，就是用瓦片代替了草片。但终究住上了瓦房，有了比较安稳的住所，他娶妻生女，生活水平也日益提高。

其时，所在的九堡公社八堡大队实行包产到户，夫妻两人承包的土地，仅妻子一人耕作就可以了。打理农地之余，邵师傅做起了孵豆芽的副业，一干就是五年。在积攒了一点钱后，他买了一台手扶拖拉机，搞起了小型的运输，帮人运建材物资，初次尝到了改革开放的甜头。

就这样，邵师傅一连开了十五六年拖拉机。1996年，积累了一定的资金后，他在平房地基上直接就盖了三层小洋楼，这在当初的八堡大队可是数一数二的。听得出来，他对此颇感骄傲。

邵师傅是个闲不住的人，2000年左右，农村管理逐步走上正规化，他承包了村里的垃圾转运工作，用手扶拖拉机运垃圾，一直做到2010年拆村建居、垃圾清运由专用车负责收集倾倒为止。

邵师傅说起八堡滩涂地的变化，不得不联系到与九堡街道毗邻的下沙。自1993年，国务院批准设立杭州经济技术开发区后，下沙由滩涂之地，成为浙江省最早成立的国家级开发区之一。

在不太长的二十几年里，下沙由连片芦苇，众鸟栖息的野趣地，成为集产业园区、高教园区、综合保税区于一体的综合性园区。这些变化见证了下沙的崛起，拥江发展的宏大规划的延续，终将实现下沙的腾飞，一座新城越来越美好的愿景正在展开。

邵师傅一说起这片滩涂的变化，就滔滔不绝。他告诉我，成立社区后，村民都住进了统一规划建造的高楼洋房，同城里人的一样，八堡村就此改成八堡社区，隶属于九堡街道。

居住环境有了很大的改善，居民的卫生意识日益增强，人与人之间的关系更加融洽。当被问到社区都有哪些服务项目时，他如数家珍般向我介绍，有卫生服务站、星光老年之家、图书室、电子阅览室、室内活动室等等。后来索性说，下次你亲自过来，我带你去参观参观。

如今，邵师傅一家小日子过得很舒心安稳。独生女儿在市交公司做调度，为他添了一对孙子孙女，妻子歇手农活好多年了，带带孙子享受天伦，自己虽已退休好几年了，仍在社区帮忙管理拆迁户的消防安全工作，很勤快。

邵师傅一家，从草舍儿走向高楼，从穷苦走向富裕，是这块土地上八堡人无法抹去的历史变迁，也是所有沿江老百姓随着时代发展的真实写照。

疫情期间，我无法面对面进行采访。从连标师傅爽朗的笑声，实诚的邀请，以及他发来的照片，我感觉到一个农民的质朴真诚、幸福满足。这或许就是几代沿江人的集体缩影。

当年塘工局在七堡租工房

章宝兴

老底子的七堡，是杭州城东靠江沿的一个村落，特别是濒临钱塘江边的七堡老街早年间很有名气。在老版本浙江省地理版图的沪杭公路线上，除标有杭州之外，还有就是七堡这一个地名，它是杭州通向上海的一个重要节点。

据七堡社区陈炳相老人回忆，当年的七堡老街相当繁华。街上不仅有茧行、木材行、药材行、蔬菜行，还有茶店六七家，剃头店十来家，还有旅馆、药店、诊所。翻上七堡老街东南头的塘埠，有一座名称叫“长盘头”的丁坝，据记载，七堡长盘头是江北岸最长的盘头，后成了七堡钱塘江靠埠码头，码头停着的都是“上八府的上江船”和“出海船”，在码头上装货、卸物，商贾云集。后来在码头上开设了客轮后，七堡老街显得格外繁忙，南来北往的商贩顾客均是从七堡转流向四面八方，故称七堡是活水码头、杭州的小上海。在七堡辖区内还设有中国较早的棉花试验场和蚕种试验场。但在七堡繁华的背后，总是离不开塘工局所起的作用，那就是修筑海塘的历史。

自古以来，钱塘江受洪水、涌潮和台风暴潮的侵袭，灾害频繁，严重威胁两岸人民的生存发展。历代主政者带领人民与水患斗争，创造了一幕幕历史壮举。在明清时期建成的鱼鳞石塘，与长城、运河齐名，被称为我国古代三大工程之一。源远流长的古越文化正因有了钱塘江的治理才更显厚重。如清乾隆年间所修的“范公塘”，即从清泰门经乌龙庙、三堡、五堡到七堡。而后来所修的杭海公路就是在钱塘江的海塘上建成的。

据相关文献描述，在七堡大王庙路10—16号门前北侧和大王庙路28号门口北侧，这一段塘坎石条排列整齐，是最为明显的鱼鳞石塘。可以这样说，“范公塘”的坚固工程加上海塘外建设的一号长坝和长盘头，使得七堡及七堡以东15千米的江滩迅猛淤涨扩展，成了十里草荡，江北舍头才渐渐形成了七堡、九堡、翁家埠等老街和市井村落。

从七堡老街到如今钱塘江两岸的繁荣和发展，确实与塘工局是密不可分的，它最早称浙江省海塘工程总局，简称塘工局，成立于清光绪三十四年（1908），距今已有一百多年的历史。早先塘工局设在杭海路四堡，所以自开通公交车线路那天起，位于四堡的公交车站一直称塘工局站。

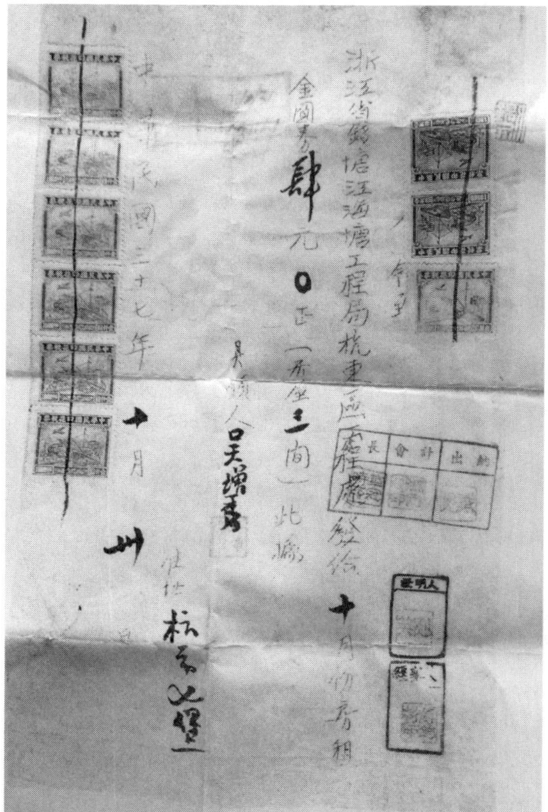

当年塘工局在七堡租工房的发票照片

塘工局是国内较早成立的河口及海塘堤岸治理机构，主要的职责是修建海塘，抵御潮灾，卫护江南水乡平原，其管理范围自仁和县乌龙庙至海宁州谈仙岭止，共51堡，相当于今杭州清泰门至海宁尖山一带。早年在七堡、翁家埠、海宁（盐官）都设过钱塘江海塘工务所，逐步形成了以钱塘江海塘修筑为中心，集江道观察、海塘设计、工程施工、技术培训为一体的管理机构。一个世纪以来，尽管塘工局的名称有所变更，但它的主要职责始终没有改变。

对于塘工局，七堡及沿江一带上点年纪的老百姓是相当熟悉的，他们当中有不少人都曾在塘工局里干过活，像抬石砌坝，抢险海塘，卸料挑土方等临时性工程，有的人则长期跟着施工队风餐露宿修丁字坝、修盘头，俗称“做塘工”，所以对塘工局是很有感情的。

笔者的同事鲍王平对收藏颇有研究，他在谈到七堡往事时，讲了一段七堡居民吴曾秀把三间房子租给塘工局作工房的历史往事。他还拿出了收藏来得保存完好的一张发票，发票上盖有吴曾秀的印章，年代是民国三十七年（1948）十月，房子三间，租费每月4元。笔者为此走访了七堡的许多老人，据老人们回忆确有其人其事。因那时候遇到洪水、碰到潮水的季节，经常发生江水满溢，严重威胁海塘，冲塌堤塘的险情时有发生。于是塘工局在七堡一带江面修筑大规模丁字坝群，这工程量大，参加施工的人多，吴曾秀就腾出自己的三间房子，给塘工局用作办公室和工人住宿。据老人们说，吴曾秀在街上开一爿中药店，但是生意一般，家境也不是很富有，但他为人很好，也懂得一些医学，大家称他是半个郎中先生。据老人回忆：像吴曾秀一样腾出房子给塘工局作工房、当仓库的还有好几户人家呢！有的人家在海塘脚边，腾出地来给塘工局堆放物资，搭建临时工棚。老人们还提到了海塘脚边有位叫范阿秋的，他只身一人，家里蛮穷，大家称他是喜欢“背木稍”（乐意做好事）的朋友。在塘工局做“盘头”，铺石坡工程时，他也经常烧茶煮水送去工地，从不提要钞票的。一位陈大伯拍拍我的肩膀对我说，当时的老百姓支持塘工局修海塘工程，拿现在的话说，就跟“志愿者”差不多。

笔者在走访七堡老人时听到这些平实而动情的话语，深受其感动。当年七堡老百姓热心支持海塘工程，乐于出劳力做好事的行为，体现出七堡人一种朴素的民间情感。家住七堡南街的78岁老人高宜宝说，在他刚懂事的时光，每逢钱塘江上游发洪水，一旦碰上大潮汛，大浪头扑来翻过海塘，江水从他家后门冲进，前门冲出是常有的事。自从塘工局修建了大规模的丁字坝，重新砌了防洪大堤的石驳后，高宜宝家就勿用担心潮水碰山水的日子了，住的房子虽然陈旧，但安稳地住到了现在。

如今的七堡和七堡老街已发生翻天覆地的变化，但唯独不变的是有着悠久历史的海塘还在，大王庙的石碑还在，江边的长盘头还在。这仿佛在告诉人们，七堡蕴藏着厚重的历史往事，值得我们去深入挖掘。

江南“飞地”的故事
——记江干区的跨江围垦

宋知文

飞地，根据“百度”的解释，是指某地区的一小部分与主要地域单元分隔，被邻近地区的土地包围的地块。我们江干就有这样一块“飞地”。

浩浩钱江，流水东逝。站在江北大堤上翘首南望，对岸的萧山依稀可见。那片土地，是20世纪60年代，成千上万劳动大军战天斗地、挑土围垦而成的。

1966年，彭埠镇的红五月村村民，率先跨过钱塘江，在萧山顺坝的地方，进行围垦造田。而后，七堡、兴隆和建华等村以及九堡镇的部分村也相继渡江围垦，共围得土地2000余亩。按当时“谁围谁得”的政策，那块土地便成了江干区的江南地块，即是飞地的前身。

那时候，人们更愿意把那块地称为“江南农场”，“到江南农场干活”也成了生产队日常工作的一部分。人们在江南农场付出了艰辛和汗水，也得到了丰收的回报。

时光悄然流逝，而昔日经历过“江南农场”的人们，虽然已趋年迈，但记忆难以忘却。那“江南农场”的历历往事，至今还时常在乡邻之间谈及、追忆……

跨江围垦抢地盘

1968年秋，络麻收起，长梗白菜落地。这天戚毛人受命带领红旗大队（建华村前身）的八个排长（生产队长），前去江南考察围垦办农场的情况。

前不久，社员在地里剥络麻时，都在谈论红五月和七堡大队江南农场丰收的事。两年前，他们在江南围了近千亩的沙地，办起了农场。今年他们每天往生产队拉回番薯、黄金瓜、毛豆等。据说农具所道地（生产队仓库的晒场）上，番薯堆得小山一般，又甜又大的黄金瓜成担成担地分到社员家里。人家能去江南办农场，我们为什么不去？大队支委不断听到社员的要求，决定任命戚毛人为江南农场围垦负责人，先带领各排排长前去查勘。要是可行，就组织社员去抢地盘，围垦造田，想着几年后，“伢也有番薯、黄金瓜啦！”

一行人骑着“二八”自行车去了。八个排长中水法家条件不好，买不起自行车，还是戚毛人驮着去的。他们从五堡渡口过江后，一直往东骑，深秋时节的凉风已有寒意。但江南乡间的泥路七高八低，实在难骑，待他们到达顺坝，人人热得满头大汗。而坐在戚毛人自行车后座上的水法，屁股都快被颠成三块了。

他们先到萧山的围垦现场，眼前的场面看得他们直发呆。白茫茫的荒滩上，人山人海，一片沸腾。红旗招展，喇叭齐鸣，参加围垦的人你挖我挑、你追我赶。虽然秋风凛冽，但人们的劳动热情高涨。这壮观的场景，震撼了这支“排长考察队”。

他们又来到红五月的农场，只见土坝里面，田畦整齐，一望无际。地上的番薯虽已收起，但番薯藤还厚厚地盖在地上。有经验的老农一看这浓厚的残藤，就知道这地很肥。五排长荣根俯身抓起一把黑土，凑到鼻前嗅了嗅，禁不住连连称赞："啧啧，好土，真是好土，伢排里的那方络麻，要是种在这里，一亩收个一千斤，气都不急，煞煞宽！"

视地为命的排长们心里痒痒的，恨不得马上把农场升起来。国庆大队农场外围新涨出一块约200亩的江滩，戚毛人手指一点："就这里啦！"

说干就干。12月，大队从各排抽调了500个青壮劳力，开进这片沙滩，筑坝围垦工作正式开始。

冬天的钱塘江边，刺骨的寒风一天到晚刮个不停。清晨，江滩上结着一层薄冰。而那时候普遍贫困，为了省鞋，干脆赤脚下地。堤坝越堆越高，把200多斤的湿泥挑到坝顶，脚似千金重，浑身的血脉涨得老粗，脚冻麻了，被尖利的薄冰划出了血，自己还浑然不知……

一间毛竹麇皮搭成的茅棚，这是围垦大军的食堂兼宿舍。靠墙铺一排稻草，上面席子一摊，成了松软温暖的席梦思。当时每人都带一条棉被，为抵御江边的寒冷，好多人两人拼一个被窝，一条作垫被，一条当盖被，两人各睡一头，互相捂脚，说这叫"白鲞睏"；有些好说的年轻人也有三人睡一个被窝的，一头睡两人，另一头中间插一人，说这叫"车骨睏"（即水车龙骨的样子）。

晚饭吃过，天已大黑。当时工地还没有供电，所以大家就早早钻进被窝睡觉了。辛苦了一天，很快，工棚里一片寂静。

但是，宁静不了多少时间，"工棚交响乐"登场啦！开始是呼噜声，由少而多，由轻到重，此起彼伏，连绵不绝。有的人由于白天劳动吃力，睡觉时会"咯咯咯"地咬牙齿；有人起来小便，因为天黑，人又挤得很，不小心一脚踏在人身上，招来的就是几句叫骂声；有的人还会说几句荒诞的迷胡话。如果你轻轻地和他应上几声，他真的会跟你讲下去，这样就会引起满棚人的哄堂大笑。

六斤伯五短身材，人称“矮菩萨”，被安排做伙房的大师傅，即为围垦人员蒸饭、烧菜。米是自家带的，每人一个米袋，要吃多少淘多少。一般都是七八两米一顿，这米放到现在一天都吃不完。六斤伯负责把他们淘好米的饭盒子放入大锅蒸熟，再烧一大锅菜。菜由集体提供，工地上办菜不容易，无非是白菜萝卜之类的耐贮蔬菜，隔几天加个猪头肉、猪肚肠，那就像过节一样子！

如此简单的伙食，却引得旁边同样在围垦的萧山兄弟的羡慕和嫉妒。一天，一个戴着老毡帽的萧山大哥路过这里，正好六斤伯在烧猪头肉，肉香飘来，“老毡帽”禁不住走进灶间看了一圈，出来时砸吧砸吧地咽着口水，一口一个“娘个”。“娘个杭州人条件介好。娘个伢霉豆腐吮吮、萝卜干咬咬，伊拉猪头肉吃吃……娘个，娘个贱胎”，一口萧山腔调。

好菜配好酒。围垦人员都正值壮年，其中不乏标准的酒鬼。可在这荒滩野外，哪里去找酒？每天高强度的体力劳动，多么需要喝点酒解乏呀！有一个叫水泉的嗜酒如命，他不知从哪里搞来点酒精，那天正逢伙房的菜是红烧猪肚肠，他将酒精少许，弄点水兑了一下，全倒进肚里。这下可好，肚里如烈火在燃烧，他难受得哇哇直叫，后来居然跳进了水沟，去“降温”了……

经过一冬的艰辛劳动，土坝筑成。第二年在坝里面的土地上种上盐箐籽，改良土壤，到了第三年，红旗大队农场也有番薯，也有黄金瓜！也有毛豆啦！拉回家里，社员那个高兴啊！

无风不起浪，无船难过江

本土在江北，农场在江南。滔滔钱江横亘中间，成了两地往来的一道屏障。刚办起农场的红旗大队，开始还没有船，到农场做生活，从五堡渡口乘渡船过江，再到顺坝，往往已是中午时分。做不了多少活，又要准备回家了。尽管如此匆忙，回到家天还是全黑了。如果农场里有货要带回家，更费周折。

有自己的船多好！看看人家那几个大队，都有自己的船。从七堡下船，一个多小时便过了江。来回自由，多么方便！

终于有了一条船，东拼西凑，凑了2500块钱，从别人那里回购了一条旧船，单道桅的。那时候钱塘江上航行的多是帆船，机船很少。不过说回来，在平静的江面上，几艘帆船顺风飘来，也是一番别样的风景，好看又节能。可惜，这种带帆的船，现在难以见到了。

船有了，没人会开呀！帆船的起帆落帆，是很有讲究的。外行人开船，船不会动，弄得不好，帆吃上横风，船会翻掉。更何况在大潮汹涌的钱塘江上，儿戏儿戏，要出大事的。

李成焕那时候还是个年轻后生，浑身力气，人又机灵。特别识水性，哪个不知？从横港河南的木桥头一个猛子扎入水中，一溜烟泅到200多米远的河北头，气都不急。多方打听，大队终于在萧山赭山那边找到一个船老大。为了偷拳头、学技术，培养自己的船老大，成焕受大队委派，上船做那船老大的助手。

船老大稀罕，工资一口价68块一个月。当时一个公社干部的工资也不过如此，但他技术好。钱塘江上行船，关键还要会过潮，否则，碰到大潮来临，船难免被大潮掀翻。

那一次成焕随船老大正在江上行船。忽然“隆隆”的声音如闷雷般地从前方传来。只见东面的江面一道长长的白墙正向船头推来，翻起的浪卷像要吞噬世界上的一切。第一次在江上直面大潮，成焕着实害怕，腿脚都发麻了。船老大则镇定自若，吩咐成焕落下船帆，自己紧握舵柄，迎头向草舍般的潮头冲去。船潮对接，船头猛地高高翘起，然后倏地跌落浪谷。只听船老大朝他大喊，“起篷（帆），快起篷”，自己则死死把住船柄。成焕被喊声震醒，三下、两下，狠命地拉起了帆篷。船蹦了几蹦，终于平稳下来，过潮成功了。

当时在社员口中常有一句口头禅：“上船容易落船难。”说的是当时坐船去江南的感受。七堡上船码头是伸入江中的丁坝盘头，船靠盘头，人们能很顺利地上船。但到了江南，由于是新垦之地，没有任何设施，船没靠岸就已搁浅，人们只好脱下鞋子，卷起裤脚，下船涉水上岸。钱塘江江面大潮汹涌，江底也不安宁。有暗流、有深泽，无时不在威胁着人们。当年国庆大队就有一个人误入深潭，被暗流卷走，好几天才捞到尸体。所以对一些嫌脱鞋麻烦或者胆子小的女人，下船真是件头痛事。

有人发愁，也有人欢喜。五排的癞子阿毛，五十挂零还是光棍一条。别人嫌江南做生活太苦而不愿去，他每次听说明天去江南，总兴奋得一夜睡不好觉。为什么？有便宜好赚。那些不敢下水的女人，而老公又不在身边，癞子阿毛就自告奋勇，将她们背上江岸。想想，女人温暖的胸脯贴在背上，双手托着女人的屁股大脚膀，守着光棍的癞子阿毛能不兴奋得出魂吗？难怪他一路背，一路喊起了当时最流行的语录歌：“下定决心，不怕牺牲，排除万难，去争取胜利。”

这才叫起五更落半夜

又轮到一排去江南农场了。天一放亮，菊仙和老公一齐起床。老公水法今天轮到拉上市量。所谓上市量，又叫行货，就是用钢丝车拉到城里交售给菜场的蔬菜。按照规定，除了拉上市量和做秧窖的社员，轮到去农场做生活时必须都去，否则，不予安排工作。如果不去江南的人可以在本土做，有几个人愿意去江南做？

到江南农场做生活，何时能回到家，只有天知道。今天老公上市量拉到闸口，回家不会很早。菊仙烧了满满的一锅饭。6岁的儿子卫强和4岁的女儿卫红在家无人照看，中饭只有让他们兄妹自己解决。烧好了饭，天已大亮，鸡窝里的鸡已醒，扑棱棱地飞出门去；羊棚里传来羊叫声。菊仙过去把昨天割的草全部倒进羊槽。“今天去江南农场无论如何都要带点草回来，否则今晚羊要饿肚子了。”菊仙在心里这样盘算着。

做好了这一切，菊仙叫醒了卫强和卫红，关照了几句，就随着排里的人一起出发了。他们到了七堡上船，由成焕开船去江南。

下船上岸，首先到伙房把米淘好，吃饭是第一要务。今天的活是收割盐箐籽。它是一种耐盐植物，一人多高。因钱塘江潮水把海里的盐份带上来，新围之地尚有盐分，一般作物难以生长。而盐箐籽却能长得高大茂盛。其秸秆可编芦帘或当烧火的柴火，籽经腐烂是一种很好的肥料。经种几次盐箐籽，盐地已被拔淡，就可种瓜种番薯了！

匆匆吃过中饭，为了不致羊晚上挨饿，菊仙趁着中午一点点的休息时间去割草。堤坝上羊草茂盛，一会儿就割了一麻袋。草丛中时常有毛蟹在爬动，菊仙抓了两只，装入水杯，带回家可给卫强、卫红玩耍。下午收工后，大家又坐船回去，而菊仙却不行。为啥？因为船是集体的，只供搭载集体的货物和为集体做生活的社员使用。菊仙有那一麻袋羊草，如搭船回去，岂不揩公家的油？当时就是如此“公私分明”。不过也难怪，如果不是这样，人人都带点私人东西，那艘装载有限的小船会被压沉的。

菊仙背着那麻袋羊草，绕道五堡渡，回到家已是8点多。水法拉上市量还没回来，卫强、卫红已坐在门槛上睡着了，鸡窝里的鸡好像被人回家的声音惊醒，“咯咯”地轻叫几声，算是跟主人打招呼。卫强、卫红也醒了，兄妹俩向妈妈喊饿。菊仙拿出了捉到的那两只毛蟹，兄妹俩顿时忘却了饥饿，到一边玩去了。锅里的剩饭卫强、卫红中午已经吃光。羊在羊棚里大叫着，菊仙把麻袋里的草喂了羊，然后淘米做饭。

——这就是当时人们平淡而艰辛的一天。

救命的汰脚盆

有一只木质大脚盆，极普通的。而不会游泳的伙房大师傅六斤伯，就靠这只大脚盆逃过数次劫难。

长龙般的堤坝，保护着围垦起来的良田。而汹涌壮观的大潮、上游的洪水和台风带来的风暴潮，却不时冲击和破坏着堤坝。更何况，沙土筑成的堤坝，本身就是不堪冲击的。

1969年7月初，连续几天几夜的大暴雨，经久不停，江水猛涨。听说桐庐南堡大队山洪暴发，洪水冲毁了整个村庄，只留下一棵苦楝半堵墙。农场场长戚毛人不时到堤上察看情势。此时水离堤坝最高处只有30厘米了，伸手就能摸到水面，大堤时刻有决口的可能，看到这个情况，他连忙返身，赶回工棚，要所有人员立即撤离到安全地带。

当时几个值守人员正值壮年，识点水性。唯有矮小羸弱的六斤伯行动迟缓，更不会游泳。突然，不远的一处堤坝决口了，洪水直往农场奔涌而来。“赶快逃！”水冲进了工棚，大家急忙向隔壁的萧山围堤逃去。六斤伯急得大叫，戚毛人看看不断涌来的大水，又看看发急的六斤伯，有点束手无策。正想背起六斤伯一起逃命时，那只大脚盆被水冲到了脚前。他急中生智，一把抱起六斤伯，把他放到了脚盆里……

萧山的堤坝因有抛石，相对坚固。农场人员安全逃到那里，堤上已聚了不少人。回望农场，只见挂牌的毛豆、金色的黄金瓜被水淹得不见踪影。湍急的江水中，成堆的稻草、一根根木头，各式各样的家具，以及淹死的家畜从上游顺水漂来。有人在打捞，不多时，就捞起不少东西。

脚盆载着六斤伯，晃晃悠悠地漂到了萧山的堤坝上与同事团聚了。后来的几年，当台风大潮和潮水冲毁堤坝，扑进农场时，六斤伯都早早坐进脚盆，得以逃生。但是，1974年那次坍江，脚盆却失去了作用。这一年秋天的一个夜里，戚毛人听到外面堤坝传来一阵阵“轰——”“叭——”的声音。“不好，坍江了！”出门一看，只见土堤坝在江潮的冲击下，摧枯拉朽般地轰然倒向水中。江水无情地吞噬着农场的土地。他连忙进内叫醒了所有人员。六斤伯一听，以为又是大水来临，连忙去搬脚盆。“没用了，大家快收拾一下，逃啊！”戚毛人大声直喊。

第二天，家里的人们正在剥络麻，只见戚毛人带着农场人员回来了。又见他们神情木然，背着铺盖，一只裤脚高，一只裤脚低的。六斤伯还背着那只脚盆。“江南坍江了！农场坍光了！”不久，这消息传遍了大队。

就这样，处在最外围的红旗大队的江南农场，终于抵御不住自然灾害，被江水吞没了。

钱塘江边说堡房

周永祥

“堡”是钱塘江海塘管理最基层的一级海讯海塘管理组织，始于明代。

据1998年出版的《钱塘江志》记载，钱塘江海塘的管理，唐代始有记述，据《新唐书·地理志》载，修筑盐官、会稽的海塘，均系分县管理，由县令主其事。对海塘的经常性养护管理，始于北宋景祐年间（1034—1038），两浙转运使张夏在杭州指挥负责修塘，每指挥以400人为额。南宋建炎以后（1130年后），临安府又设修江指挥，兵额120人，均属厢军编制。明代，海盐、海宁、仁和、萧山等县先后各设塘长、塘夫，分段驻守，管理修护海塘。海盐以里长任塘长，有塘长13人、塘夫130人。明天启六年（1626），为了更便于管理钱塘江海塘和防御江潮，当朝在杭州城东观音塘至海宁西尖山村镇海庙之间，沿江堤向东延伸每隔二里多设立一座堡房，从乌龙庙开始依次编号为一堡、二堡、三堡……每个堡房由当地塘长负责，下辖数名塘夫轮流值守。当局还建立了一支按军队编制的潮汛通报队，万一江堤发生险情，就能像万里长城的烽火台一样发出险情警报，利用堡房迅速传警，从而采取果断的措施防止灾情扩大。清代雍正、乾隆时期，钱塘江海塘管理基本形成较为完善、突出重点，自上而下采取专职人员负责，划段分讯、分堡、分防的分级管理网络。民国时期，统一北岸海塘与萧绍海塘的领导，划段分区防守，区之下分别由当地推选堤董、堤保，接受段工程处的指挥监督，管理海塘。明清时的堡房都建在临江的海塘边上，设施简陋，极易受江潮冲堤而毁，杭州府每年拨有一定的修缮费。民国初期，堤坝渐为牢固，加上钱塘江床位南移，北岸原有堤坝成为备塘，后又成为一条公路，乌龙庙至海宁的33堡之堡房均移建在路北侧，成为名副其实的堡房。堡房的修缮、翻建费用采取政府拨一些、当地乡绅捐一些的办法。乌龙庙至海宁的堡房数一堡堡房最好、最高、最大，主要是因为一堡塘埠周边富豪乡绅最多，因此捐钱也最多。据说一堡塘埠风水最好，此地历史上少见天灾人祸，原因是塘埠旁有一座乌龙庙，庙里的乌龙菩萨在尽心尽职地保佑一方平安，庙里的香火常年很旺；还有，乌龙庙塘埠海拔高，据说，天晴时从此处望西湖风景一览无余，连游船上的人也数得清。一堡堡房周边来置业建房的富绅由此越聚越多，形成城东独一无二的“富人圈”。民国初期，在一堡堡房西南侧靠观音塘周边，住有吴姓、宋姓、潘姓三大家族；堡房东南侧靠乌龙庙周边，住有张姓、王姓、汪姓、莫姓四大家族，这些富绅的共同特点是各家各户都建有大三开间雕梁阁楼、圆木立柱、正房配厢房、道地加庭院的大宅子。新中国成立后土改时，这些人家的成分都被列入地主、富农之中，是乌龙乡地主富农最多、最集中的地方。由于地域的原因，放到现如今，这里仍是江干农村最富庶繁华的一方宝地。

自清代乾隆朝以后，沿江的堡房周边逐渐形成村落，村落的名字都是以当年的堡房命名，其中尤以一堡至九堡最出名，乔司出去的堡房认知度不是特别高了。最为物阜民丰的堡房地域，当数一堡、三堡、五堡、七堡和九堡，这几个堡房对冲的江边，都建有一个渡口，萧山那边的行人客商到杭入城，都要乘船过江，每天热闹非常。堡房旁边都有一家茶室，成了行人客商和周边村民喝茶歇脚聊天的好地方。一堡堡房对冲的渡口叫七甲渡，七甲渡边上有一条牛车路，因当时渡口岸边还是一片江涂，行人客商登岸只能坐牛车，故名牛车路。牛车路久而久之成了一个集市交易小街，每天十分热闹；七堡堡房也因渡口而出名，久而久之形成一个古街小镇，在城东最负盛名；九堡小街的形成也是如此。从乔司出去，因江面变宽，船渡困难，鲜有渡口，故沿途堡房比较冷清，名气稍逊。

据今年已96岁的定海村老人肖品木回忆，他曾听他爷爷讲过，清光绪年间夏天的一个晚上，狂风暴雨不止，钱塘江潮汹涌，浊浪滔天，观音塘一段堤坝被冲决，江潮冲毁了许多农舍，一堡堡房也被狂风吹坍了半边房。次日早晨，周边村民见了大为吃惊，塘长慌忙呈报塘工局，塘工局恰逢资金缺少，一时难以修建。肖品木说被冲坍的农舍中有一户农户，姓徐，有两个儿子，长子叫长根，次子叫长林，长子长根已成亲，次子长林尚未成亲。徐某平时以赶牛车摆渡接客为生。不知从什么时候起，徐某突然变富了，不再赶牛车了，坊间传说徐某贩私盐发横财，又怕被官府知道杀了头，于是金盆洗手上岸了。但又不敢过分显富，不敢置地盖房，仍住着几间草舍儿。眼下草舍儿被潮水冲掉了，又闻知一堡堡房被冲坍了半边房，就找到一堡塘长，表示愿意出资修建堡房，条件是让他一家暂住两年，待他自建房建好后搬出。塘长一听这主意不错，上报塘工局，塘工局领导听了认为合算，予以同意。徐某一家就此入住堡房后，出资修建堡房，此时徐某心中早有主意，请他住进来容易，要他今后搬出去难，以后的事实证明果真如此。半年后堡房修建完成，徐某建成三开间大瓦房，加高了屋面，还在堡房两侧新建了厢房，气势不凡，成为33堡中首屈一指的堡房，徐某一家入住堡房后，春风得意，逢年过节时，常送塘长一些银钱财物，和塘长俨然成兄弟一样。然而好景不长，徐某和长子长根先后因病去世，次子长林娶嫂为妻，当地人叫做“长布衫改短布衫”。夫妻俩次年生下一子，取名又金，后难见续子，徐施氏从娘家过继得来一女，成就

“有子有女”子嗣搭配。果真如徐某生前所料，徐姓后人一直居住在一堡堡房，新中国成立后，堡房居然成了徐家私宅，从未有人过问堡房的所有权。直至1985年建采荷住宅区被征用拆迁，一堡堡房是钱塘江边最后一个被拆迁的堡房。

20世纪40年代，一堡至九堡的堡房一度被国民党地方武装即所谓的“和平队”强占，用作税征站，对过往渡口的客商强征暴敛税金，客商稍有不从的，“和平队”队员就拳打脚踏、持枪威吓，客商敢怒不敢言。“和平队”队员多由当地的地痞恶棍组成，在当地臭名远扬。新中国成立后，这些“和平队”成员都被政府逮捕法办，他们的头儿，或被枪毙，或被判无期徒刑，无一能逃法网。

杭州解放后，海塘日益加固，潮汛威胁日益减少，堡房的功能逐渐淡化，市塘工局取消了塘长制，解散了塘夫队，改由市塘工局直接管理海塘。沿途堡房除一堡堡房已成民宅外，其余的堡房或成茶室，或成代销店，或成农会办公室，乔司出去的堡房多成行人歇脚的凉亭。只有堡房的名字，成为一种历史印记，至今仍在沿用。50年代，杭海路上的公交9路车沿途站名，有不少是沿用堡房名字的。

四堡里一位老塘工

章宝兴

现在的御道村和五堡村一带，老底子俗称四堡塘里。这里的大多数农户都是早先钱塘江坍塌而从江对岸逃荒过来的老百姓，在此落脚聚居的，凡上点年纪的老一辈都吃过钱塘江潮水、洪水的苦头，你随便找个老人讲起“坍江”之苦，每人都有说不完的故事。而每当说到“坍江”，就又会引出四堡塘工局和做塘工的往事，像抬石砌坝、抢险护塘、建盘头等话题。据90岁的陈长兴老人讲，以前，沿江一带有不少人都做过塘工，要论我们四堡塘里的塘工师傅，最有本事的要数陈毛银了，他做塘工真当是做出了名气。

陈毛银原先住在五堡，新中国成立后农村开展合作化，陈毛银年纪轻，积极响应号召，动员周边农民率先成立了互助组，因组里成员都住在御道村，陈毛银二话不说搬到了御道，所以他成了御道村人。御道互助组建好后，为了发展农业生产集体经济，陈毛银又带领乡亲们到塘工局做“塘工”。

陈毛银当年的工作证

陈毛银为人踏实，办事公

道，加上他肯动脑筋，在众人心目中很有点威信，在带班做“塘工”的劳动中，总是重活累活抢着干，从来不计较个人得失，一旦遇到抢险护堤的紧要关头，他总是能临危不惧独当一面，而且还能找窍门，想出各种施工的新方案，工地上的工友们都叫他“毛银大哥”，甚至岁数比他大几岁的伙伴，也十分习惯地对他一开口就是“毛银大哥”或是“陈老大”。每当工程完成，大家坐在石驳坎上休息时，周围总是“大哥辛苦”“陈老大好”一片亲切的称呼声。显然，他的这个“大哥”或“老大”之称，绝不是因他身形高大而获得；而是因为他的“塘工号子”比别人喊得荡气回肠，喊得人心稳定。只要听到毛银大哥的号子声，大家的心里就有了底，胆子就大了。毛银师傅的为人确实很有一股凝聚人心、吸引工友的魅力，大哥当之无愧。

陈毛银不只是工作上拔尖，学习上刻苦，也是真的把海塘工地当作了自己的分内事，给工友兄弟做起了表率，成了“塘工”群众的“主心骨”。同时那种朴实无华、不屈不挠、踏踏实实的工作精神也得到了塘工局领导的赏识，夸奖陈毛银是善良又淳朴的农民，人品不错。25岁的陈毛银就被转正为钱塘江海塘工程局的正式职工，并担任施工队长。20世纪60年代初，他还被提拔为海宁海塘工务所主任，70年代调任四堡海塘工务所主任，这对于一个农民来说，可是一件了不起的事情。

陈毛银的大女儿陈云妹忆及父亲时说：“我娘故世得早，老爸又是当爹又是当娘，真的不容易。他从小对我们的要求是很严，听到最多的一句话就是：我们一家人现在虽然困难，但做人一定要有志气，你娘不在了，你是大姐，要带好两个阿妹，把这个家撑起来。所以我从小就比较懂事，也吃得了苦。尽量把家务料理好，让父亲能少操点心。记得那时候，老爸一年四季骑着一辆自行车，风里雨里到海宁翁家埠上班。遇上暴风暴雨季节，出门时总会仔细交代我说，这几天水急浪大，翁家埠江段地形复杂，险工坝头多，堤塘石坎很容易出险情，要巡查值班，晚上不回来了，叫我管好家。我虽然心里有点怕，但知道老爸身上责任重大，心在工地上，所以每次都说：阿爸放心，家里有我呢。老爸吃的是塘工饭，心里想的全都是塘工事。”

“我16岁那年，四堡海塘工务所办起了一个搬运队，虽是力气活，但凭我的能力，很想去做搬运工，那时当搬运工一天能挣几块钱，可老爸就是不让我去，他说这个搬运队是照顾单位里没有工作的家属而办的，你在生产队劳动算有工作的，所以不能去。当时我真的有点委屈，老爸真是个一根筋。”

陈云妹说：“是老爸的言传身教，使我懂得做人的道理，树立艰苦创业的信心。1997年，我被大队推荐当上了赤脚医生后，又经过不断努力，考上了乡村医生，前几年考取了全科医生，行医40年，虽然没有惊人的业绩，但我兢兢业业为病人服务，受到了上级领导的表扬和群众的称赞，付出勤奋与劳累。也充满着欣慰和自豪。”

陈云妹说：“想起老爸晚年，有一件令人心酸的事不得不说，由于老爸一年四季奔波在钱塘江边，日晒雨淋、风寒入骨，落下了哮喘病，随着年岁的增长，更是三天两头频繁发作。有时和我们说话间，常是说不上几句，喉头就得‘呼噜呼噜’喘几口气才行，我们劝他抽空赶紧去医院好好治一下，他有点无奈：‘眼下七堡江段在修筑丁字坝，五堡江段在铺石塘工程，真是走不开啊。再说人老了，病愈来愈多，也是自然规律。’谁知病不饶人，一生要强的老爸没到退休，就离开人世。父亲为钱塘江海塘建设奉献了大半辈子，却没能享几年福就离我们而去，这实在是我们做女儿的最大遗憾。但令我们欣慰的是，老爸走后的第二年，我的妹妹被招进了钱塘江海塘工程局，在建设海塘中，继承了父辈的朴实无华，踏实工作的传统，也成了建设海塘的新一代塘工，老爸也算后继有人了。”

时过境迁，现在的钱塘江海塘已建成为一个现代化标准海塘。但老一辈“塘工”付出的辛劳汗水及他们传承的塘工精神，我们是永远不会忘记的。

鱼浦杨公村

沈树人

杨公村是鱼浦?

是的，杨公村是鱼浦，而且有年头了。鱼浦杨公村，在江干是独一无二，现如今更是闹猛。

提到“鱼浦”，出现在人们脑海中的往往是一幅很抒情的画面：水滩边杨柳依依，芦花摇曳、蒲草临岸、渔舟横卧，清风吹拂着渔人枕浪而眠……一派悠悠然的模样。是啊，这是文人笔下的“鱼浦”；然而，现实中的鱼浦，哪里会有这等逍遥。至于眼前的杨公村鱼浦那更是非同寻常，这里是钱塘江下游，日复一日与潮汐为伴，水面上非潮即浪，真个是“风吹江面涛声起，浪打鱼船几沉浮”，水急浪高，险象环生，称得上是一处让人心生敬畏的鱼浦。

（一）

相关资料显示：钱塘江江干段是整条钱塘江鱼类资源最丰富的水域，因为这是潮水与江水的交汇段，是海水与江水、咸水与淡水、浑水与清水的交汇段，鱼虾所需食物特别丰富，这得天独厚的水环境，使海洋鱼类和淡水鱼类都在这段江里集聚，而鱼浦杨公村正好就在这一段之内。

阿根师傅姓戴，是位㧟了40多年鱼的老渔民，我们随着他跨上杨公村的江堤，他朝堤外的江面一指："喏，你们看，从上游的七堡长盘头到下游的九堡大桥，是个大湾头，这里水势平缓，水面开阔，又有2号坝、3号坝这样现成的埠头能靠船，是扪鱼最好的江段。"我们一眼望去，但见江面上乌泱泱漂着数十条渔船，看这场面，杨公村鱼浦还真不小呢。

杨公村是个大村子，近千户人家沿江而居，像一条宽宽的带子似的，从七堡老街逶迤向东，直至下游的头格为止，绵延了近十里之地。

老底子格辰光，钱塘江的深槽急流偏向江南岸一侧，北岸水势相对平缓，泥沙淤积成滩，从七堡盘头到下游的头格之间，形成一个大水湾。滩涂上尽是沙头、水洼及成片的芦苇蒲草，随着潮涨潮落，这一湾滩涂成了小鱼小虾的栖身之地，待潮水退尽时，沿塘的人家只需弄张简单的扳网就能扪到不少潮鱼、潮虾，不过那个时候，这种小鱼小虾是一点都不值钞票的。但话要说回来，像鲚鱼（刀鱼）、鲈鱼、鲻鱼这些上品相的，还是值点铜钿，于是靠江边的人开始置船购网，以操桨扪鱼为业了，尽管打鱼这碗饭也不好吃，但比起种田地要活络得多，有点胆量的人都放下手里的锄头铁耙上了渔船，杨公村人扪鱼也就慢慢地成了气候，这正应了一句老话：叫做"靠水吃水"。

渔船靠埠

阿根师傅告诉我们：他父亲从前也是扪鱼的。不过早先辰光，用的是小木船，船身又窄又小，活像水面上的鲳白条鱼；单靠两片桨划划，不要说大风大浪，就连小风浪也经受不起，大家只能在浅水滩里放几道游丝网碰碰运气，绝对不敢离岸太远去冒险的。

他说，20世纪集体经济年代，曾经成立过一个大队渔业队，造起五间大草舍，乍一听名头蛮大，但实际上无非是把原本分散的渔船和诃鱼佬归拢到一起而已，船还是小木船、桨也还是小木桨，吃的仍是大锅饭，工分一直头，你倒说说看，伢诃鱼的怎么能和种地的一样呢？大家的积极性发挥不了，有点“王小二过年”的样子，结果自然可想而知，小打小闹了几年后，渔业队也草草收场。

幸亏有了改革开放，20世纪70年代末，渔船实行个人承包，这个政策立竿见影，大家诃鱼的劲头木佬佬高，钱袋子很快就鼓起来了。90年代，诃鱼船鸟枪换炮，小木船改为机动船；有关方面为规范钱塘江捕捞作业，实行“捕捞许可证”制度，凭证捕鱼，当时杨公村领到88本捕捞证，有88户人家成了合法的渔民，可不简单啊。至此这钱塘江边的鱼浦，才算是名正言顺地落地生根。不过本地人都称它为“鱼埠头”。

（二）

说起自己的行当，阿根师傅有点感慨：“我父亲也是诃鱼的，可惜过世得早，我子承父业，18岁下江捕鱼，还要带上16岁的阿弟上船，到现在45年了，实事求是讲，伢诃鱼这生活是神仙、老虎、狗！比方说：今早鱼诃得蛮多，一路顺风，点起一支烟，心里坦悠悠。船到埠头，老婆笑眯眯在接我，心里有多少高兴，真当像做神仙。再说老虎：虽然我们风浪见得多，但每次出去诃鱼，都是扑心扑肝，人要稳得牢，脑子要灵清，筋骨做起出手要快，像老虎扑食一样。当然，做狗也是免不了的：风里浪里、落雨落雪，浑身湿嗒嗒，是不是像只落水狗。不过这些话都是我们这帮诃鱼佬自己说说的，日子一长也无所谓了。再说钱塘江又不比小河港，只要大家平平安安有鱼扣，吃点苦也算不了什么。”

说到这里，他笑着吸了口香烟，话锋一转：“不过说上天，说落地，要是没有改革开放，一切也都无从说起，至于啥个鱼浦，更是谈都不用谈。

“回想20世纪90年代，那时钱塘江水域生态环境还是比较不错的，我们扣鱼船只要开出去，肯定收获不小，除了鲢鱼包头这些大路货，其他高档鱼种也蛮多。鱼扣得多，鱼市也旺，杨公村的鱼埠头吸引了不少饭店宾馆和城里人，他们都冲着这钱塘江的鱼鲜寻味而来，伢杨公村鱼埠头的名气一下子大了木佬佬。

“然而，到2000年前后，情况发生了变化，我们扣的鱼一年比一年少，鱼的个头也一年比一年小，开始是十网五网空，后来是十网八网空，再后来几乎是十网十网空……为啥没有鱼呢？原因其实很简单——钱塘江水质污染严重。你想这一江的臭水，鱼类还怎么生存？扣不到鱼的日子真难熬，我们像断了锚索的小船，漂来漂去没个着落，有的人家摒不牢，洗洗脚上岸改行了；但大多数人继续坚守着这条渔船，舍不得上岸，相信总有改变的一天……说句良心话，全靠国家政策好，花大力气全面治理钱塘江流域，水产部门每年投放大量的鱼苗，几年工夫就面貌大变，如今江里的鱼一年比一年多，高档品种一年比一年增加；你们看现在的钱塘江多少漂亮，水清岸绿、生态优美。幸亏我们渔民有信心坚守下来，终于盼来这鱼跃人欢的日子，我们杨公村鱼埠头啊也越来越火了。”

（三）

清晨，朝霞初露，江面上尚笼罩着一片薄雾似的水气，雾气中扣夜潮鱼的渔船已在陆续地回归，岸上的人翘首以待：只等马达一熄火，渔船就顺着惯性滑到了岸边，靠埠、抛锚，上岸一气呵成。人们簇拥上前，眼睛直盯着船舱里鲜龙活跳的鱼，看看有没有自己想要的品种；杂乱的人声中，又有船陆续靠埠上岸，另一簇人又围了上去……在杨公村江滩边，除了大潮汛的日子，每天这个时间，总会见到这样的场景，也是鱼埠头最欢快热闹的时候，鱼浦杨公村牵动的人还真不少呢。

不过再好的鱼浦，总归离不开鱼市。所谓“鱼市”，既要有鱼，又要成市；而杨公村的鱼市因卖的全是正宗钱塘江鱼鲜，而且是鲚鱼、鲈鱼、鲻鱼、白条鱼、江鳗样样都有，牢牢地吸引着四方食客的舌尖味觉，有了这块硬招牌，鱼市旺得不得了！

早几年，鱼市还分散在七堡老街、九堡、上游桥及江边等数处，可自打这些集市拆迁了之后，四五十家鱼摊全都集中到杨公村农贸市场内。市场为此专门辟出一块“钱塘江鱼专营区”，这块牌子一打出，鱼市的场面可真是有点气派的。

从鱼埠头到农贸市场最多两里路，船里上来的鱼鲜用不了10分钟就到了鱼市，进了鱼盆就一阵活蹦乱跳，在水花四溅中鱼摊也迎来了第一拨顾客，一天的鱼市就此开张……

笔者作为沿江居民，也是鱼市的常客，即便不买鱼的时候，也会去光顾一下，对于鱼市很有感受：虽说卖鱼的都是掆鱼老大的家属，但你千万别小瞧了这群大嫂大妈，她们可都是家里正儿八经的大当家，但这些个大当家做生意却十分厚道，从不短斤缺两，更不会把水灌进塑料袋当鱼卖。而且手里剖鱼的功夫，那是个个了得；不信你看，鱼往砧板上一放，手起刀落，刮鳞、剖背、挖腮一条龙，做得干净利索，出手就成，不经意之间，让你领略到那份一气呵成的快意。当你正准备掏钱付账时，对方会来上一句：“六十二块伍角，零头抹掉，六十块。”那大大咧咧的做派除深得顾客意外好感，更是透出几分大碗喝酒、大块吃肉的豪爽与侠义，还真有点大当家的气度呢……平心而论，能撑起偌大的一个鱼市，这群女当家确实是有点底蕴的。

一个秋后的下午，我们几个常客相约来到杨公村江边，顺便看看阿根师傅和老金他们，今天是小潮汛，他们肯定在鱼埠头上。踏上江堤一看，果然不出所料，几位扪鱼老大都在。然而他们却围坐在坝脚的石墩子边喝酒，真是难得，这种场合自然不必客套，我们也就凑了过去。老金拎起塑料酒壶一晃：“来，自家酿的大麦烧，都来尝尝。”旧时沿江一带沙地盛产大麦，素来有用自家大麦酿酒的传统，下沙大麦烧有小茅台之誉，每户人家都少不了它。

我端起酒碗，大麦烧的醇香扑鼻而来，眯上一口，绵醇厚朴，甘洌和畅、满口生津；随手夹起一只盐水毛豆塞进嘴里，对着老金扬扬拇指：“果然好酒！”带着乡愁的大麦烧最能煽情，它催开了众人的率真性情，老金袖子一捋说道：“今天是难得碰头，一定要喝得尽兴，来，喝！”几个面色微红的大男人酒碗一碰、喉咙梆响，说话声音都拎高了八度……

眼看日已西斜，众人放下酒碗，漫步来到坝头上，此时的钱塘江波澜不惊，一江秋水在晚霞的映照下显得波光粼粼，几十条渔船静静地躺在江面上，勾勒出一幅渔舟唱晚的动人画面，让我们沉浸在醉人的诗意之中……然而身边的几位扪鱼老大却已在谋划后半夜开船放网的事了，看着他们那份成竹在胸的淡定，我深信明天天一亮，鱼浦又将是一个热闹欢腾的早晨！

围涂筑塘

WEITU ZHUTANG

江干筑塘围垦记略

张杭平

两千多年前，今天的江干地域大多还是一片汪洋。在钱塘江河口上游江水和海潮的相互作用下，浪激潮涌，沙淤陆涨，大自然的鬼斧神工，造就了江干的沧海桑田。江干人民在接受大自然馈赠的同时，也面对飓风怒潮、暴雨洪泛，坍江溃堤、潮患不绝等种种灾险，在社会发展的漫长历史进程中，战天斗地，捍江治水，筑塘固堤，御潮抗洪，围涂治碱，为建设美好家园铸就了千秋功业。

江干的“干”意为水边，江干因在钱塘江边而得名。杭州历史上的江干，唐宋时期，仅为今西湖区珊瑚沙至上城区候潮门沿江一带。民国时期，延至今江干区三堡沿江一带。今天的江干区，行政区域面积220余平方千米。地貌特征：北面倚靠皋亭山麓，最高海拔361米；南面濒临钱塘江，岸线从西兴大桥东至下沙街道海宁界长30余千米；皋亭山脚至钱塘江边，为冲积平原地貌，平均海拔高度5.5米，占全区面积的95%以上。今天人们习惯称谓的“江干”，已是江干行政区域的简称，其涵盖的范围不仅仅是钱塘江边的“江干”。

钱塘江潮起潮落、奔腾不息，孕育了平畴无垠、物产丰饶的江干大地。可是，秦汉之前，今天的江干地域却是另一番景象。那时，江干的大片平原沉睡在钱塘江下，江面“浪高风更起，波急石难沉”，渡江趋往对岸犹如蜀道之难。据《史记·秦始皇本纪》记载，秦始皇统一全国后，曾在秦始皇三十七年（前210）十一月出游，“过丹阳，至钱唐。临浙江，水波恶，乃西百二十里从狭中渡”。当时，秦始皇站在江干秦望山上，面对波涛汹涌、浊浪翻滚的无际水域，无计可施，只能西去120里，选择钱塘江狭窄之处过江。那时，今天的江干除皋亭山一带之外，其他地域大多为一片汪洋。

东汉年间，钱唐县郡议曹华信募集民丁，在今钱塘门至清波门一带，用泥石堆筑成防海大堤后，西湖东面陆地不断拓展，居民聚落日渐稠密。后来又有隋初杨素肇建杭城，唐末钱镠扩筑城垣，杭州开始走上城市建设的发展历程。五代后梁开平四年（910），吴越王钱镠为御江潮，发动20万民工，筑成六和塔至艮山门的“钱氏捍海塘”，保护了杭州城基，并使城邑向东南继续扩展。由此，杭州很快成为“烟柳画桥，风帘翠幕，参差十万人家”的“东南第一州”。江干今之地域，那时在潮水淹不到的地方，经过乡民经年累月、含辛茹苦的精耕细作，江边的滩涂盐碱地已逐渐改造变成了适宜蔬菜种植的良田。到了宋代，望江门、清泰门、庆春门外已是“东门绝无民居，弥望皆菜圃”“东南农事已春深，菜垄花开满地金”的菜园美景。

江干现有地名“皋塘”“新塘”“彭埠”“南肖埠”等，可以说是江干地域沧海桑田的见证。宋时，皋塘、新塘为江边泥筑塘坝，南肖埠、彭埠为江边船埠，那时塘内土地已经淤固或为良田，塘外则为日渐淤积的滩涂湿地。钱塘江潮波澜壮阔，“早潮才落晚潮来，一月周流六十回”，浪激潮涌，也使江干潮患频生。据史料统计，从宋代到新中国成立前，钱塘江曾发生大潮患200余次，田庐淹没，居民漂溺，被淹田地数年不复其淡。尤其是明末清初，钱塘江潮改道北大门后，北岸潮患加重，杭州所受威胁更大，严重影响了江干人民的生产生活。因此，围堤筑塘、抗洪御潮，保一方平安，为历朝历代所重视。而钱塘江两岸人民在上千年与天奋斗、与潮拼搏的历史中，修建了一座座绵延不断的海塘堤堡，创造了一项项令人瞩目的功绩伟业。

五代“钱氏捍海塘”筑成后，江干地方在宋代先后筑有“陈尧佐柴塘”“张夏石塘”和“杨、田石塘”，塘线由今江城路东移至今秋涛路三廊庙至观音塘。《钱塘江志》记载：明代，先后16次修筑杭海段（杭州至海宁）海塘。清代，海宁、仁和一线海塘受岸崩塘毁威胁，成为修筑重点，规模较大的筑塘工程有18次。尤其是康乾之世，从杭州至海宁共修建鱼鳞石塘1.33万余丈，这一线海塘就此作为钱塘江北岸防洪御潮的主塘，“历年风潮冲塌，犹屹然如故”，成为可与万里长城、京杭大运河相媲美的中国古代著名的伟大工程。今天，如沿旧杭海路寻迹，仍可看到鱼鳞石塘的遗存。杭海段鱼鳞石塘的建成，使江干滩岸淤坍不定、堤塘筑退无常的现象得到有效治理，大片土地有了御潮抗洪的屏障，同时也为江干人民安居乐业、建设家园创造了有利的条件。

新中国成立后，在城市建设中，江干古海塘已被秋涛路、杭海路等道路所覆盖，成为市区的交通干道。但是，杭州海塘之外仍有大片江涂。1951年至1989年，在党和政府的领导下，江干人民承继筑堤围涂的历史传统，战天斗地，抛石筑堤，涂地回淤，先后筑堤17道，长90余千米，围地面积7330余公顷。其中，1966年至1984年，在杭州木材厂至七堡一线（主要在今钱江新城地域），先后7次组织筑堤围垦，共筑堤长1.92千米，围地面积580公顷。1996年，从当时的余杭市划入江干区的九堡镇和下沙乡，其地域在50年代完成六堡至翁家埠23.27千米的北沙支堤构筑浆砌护坡和抛石固堤工程。70年代，组织开展大规模的围垦海涂活动，历时10年，投工700余万工，挑堤总长64.13千米，完成土方2100万方、石方48.41

万方、砼砌石2.05万方，围地2847公顷。今天，境内钱塘江岸线上，已建起一道能够抗御百年一遇暴潮洪灾的坚固堤防。大堤的东端，建有规划面积104.7平方千米的国家级开发区——杭州经济技术开发区，经过15年的开发建设，这里已成为年国内生产总值240多亿元的“国际化、现代化、人文化”的城市副中心。大堤的西端，为规划面积15.8平方千米的未来杭州中央商务区、大都市的新中心——钱江新城。经过7年建设，至2008年9月，钱江新城总投资达500多亿元，新建道路36条，总长46千米；景观绿化面积200多万平方米；新建学校、幼儿园4所；新建政府投资公建项目21个，50余家企业集团落户新城，开工建设的项目达到38个，在建企业总部和商务大楼39幢，总建筑面积达到200多万平方米……钱江新城的建设已取得了较好的生态效益、社会效益和经济效益，这里将充分展示杭州“现代、大气、豪迈”的新世纪大都市风貌，并成为生活居住、旅游购物、求知创业的“人间新天堂”的象征和标识。

漫说塘堤江潮与沿江民生

俞长寿

浙江因钱塘江而衍生其名，杭州因有钱塘江而闻名于世。后来，当绚丽多彩的西湖，在海底中窈窕浮现，人们才开始对钱塘江有所淡忘，但独特的海江风韵依然享誉华夏。伍子胥“怒潮”、钱王“射潮”等众多历史传说，给钱塘江文化披上了一层神秘色彩。每年秋天的钱江潮更是天下罕见的千古奇观，历来是四方游客所想往的浩瀚胜景。

钱塘江长期以来就是杭州社会经济发展的重要资源，它为杭州带来了无数的惊世骇闻，催生了杭州人弄潮儿的性格。那一条条土堤石坎，鱼磷石塘述说着杭州的岁月故事，展示出特有的海塘文明。假如没有先人们前赴后继地建筑江堤海塘，很难想象杭州今天会是一个什么样子，“三秋桂子，十里荷花”的娇丽西湖都不一定会存在。所以说，钱塘江海塘撑起了杭州这座城市，人间天堂的美誉有它不可磨灭的功绩。

钱塘江就像一条难以驯服的蛟龙，时而翻江倒海，时而春风化雨。千百年来，给杭州人带来了数不尽的潮洪灾难，无数人罹难于江患水害，沿江居民吃够了江潮的苦头，但对它又有着割舍不得的依赖。

笔者的祖母在民国初年携带一双儿女，由绍兴回迁杭州后，几经择址，在钱塘江北岸三堡开设了一爿茶店（茶室），并兼营盐业。据笔者父亲讲，在遇有大潮的年份，江潮会越过塘堤淹没家里，潮水总要损坏很多家当。当潮水退去后，家里都会留下被江潮带进来的江鱼，多的时候竟能在屋子里抓到十几斤呢。这些退潮鱼并不都是钱塘江里的鱼，不少鱼是河塘被淹没后随潮水卷冲到屋里的，鲫鱼、鲢鱼、蟹虾都有，有时甚至连钱塘江的鲥鱼也会有。

每年到了霉雨汛期，沿江居民都会提心吊胆，也会特别注意观察天色潮声，日积月累便有了生活经验，掌握了潮汐变化的规律。当天昼夜的风向和潮声，一般都会反映出第二天的涨潮大小。在汛期时的晚上，如果半夜里冲击围埂的浪潮特别响，第二天的潮水就会很大，甚至会有冲决塘堤的大潮发生。所以，只要谁家听到了半夜巨涛的声音，翌日邻居间都会相互转告提醒，做好防止大潮冲溢的准备，转移一些易破或重要的家置物品。

沿江居民与海塘江堤（塘）朝夕相伴，对塘堤坝基如数家珍的熟悉，但如何区分海塘与江塘（堤），也不是人人都清楚。

钱塘江的上游为富春江和新安江，这三江中唯钱塘江在古代时是由海湾沉淀而形成。所以当年秦始皇可以乘坐海船直接到宝石山下上岸，再驾乘马车沿宝石山麓下海岸边到灵隐山谷中的钱塘县巡视。唐宋时期从月轮山（六和塔所在地）到龙山、玉皇山下钱塘江的江面还很宽广，江涛海浪非常大，经常会决堤，水淹城乡。面对汹涌的江潮，吴越王钱镠在万般无奈下，带领几百弓弩手在北岸的候潮门外射潮抵挡潮水。射潮无用后，就从月轮山沿东北江岸至范浦（艮山门外）始筑捍海塘，有效抵御了水患，保护了杭州城池的安全。

明末清初时，海塘不是从月轮山算起，而是把玉皇山外（近候潮门）以东所筑塘堤称为海塘，以西则称江塘，因为江涛在仁和与钱塘两县界的候潮门外有明显的涨落之分。

《敕修两浙海塘通志》记载清雍正年关于海塘《钦命阁》奏报中说：

“杭郡之海非大洋海之支流也，仁和以西称江，仁和以东至海宁称海，江面开阔，不过十余里；即海宁海面，亦不过数十里。但亮潮所自起，潮来之时，遏江流使不得下，以致上激塘身，下搜塘底，而泛滥冲激，其危险较濒海大洋者加甚焉。省城多山，迤东四十里为仁邑之翁家埠，向以水流沙活，止筑草塘抵御。自翁埠起，五十里至宁城，五十里至尖山，旧皆垒土镶石。一线危堤，绵亘一万数千余丈，受朝夕两潮冲掣。此唐宋以来，修葺频繁，所不免也。”从中可以看出海塘与江塘的界分，以及海塘的走向和不同地段的潮水激涌烈缓的概况。

不过，从北宋政和二年（1112），钱塘江水道开始变动北移，“自海门过赭山，即回薄岩门、白石一带北岸，环民田及盐亭监地东西三十余里，南北二十余里。江东距仁和监止及三里，北趋赤岸、桐口二十里”。江潮给钱塘江北岸造成了大面积的洪灾，使“膏腴平陆，皆溃于江，下塘田庐，莫能自保，运河中绝，有害漕运”。鉴于江潮北溢严重，北宋朝廷“诏急修筑之”，加固了北岸的海塘，提高了防洪标准。此后，钱塘江江潮水患逐渐往南岸移侵，使南岸塘堤坍塌日趋严重，造成大量的南岸“坍江佬”迁徙北岸居住，这样的情况一直延续到清末民初才逐渐停止。

因而，现在江干区的四季青、彭埠、笕桥、丁桥、九堡、下沙等地有很多“坍江人”的后代，不少人已成为当地社会经济发展的主要力量。这些“坍江人”的后代，依然带着江南萧绍地区的方言口音，如彭埠三堡这里不少老居民把父亲称叫“阿爹”，而传承着“汴京习俗”的杭州人，“阿爹”则是爷爷的意思。三堡老居民把出去游玩或串门做客称为“做戏客”，而“汴韵”杭州人，把出去游玩叫做“耍子儿”。

今天，虽然已时过境迁，沧海变桑田，江塘冲溢的凄景早已远去，呈现在钱塘江北岸的是成群的现代化高楼，环境优美，各种融入于自然的景观带，镶嵌于新兴城区。但钱塘江潮文化和居民的乡土生活习惯，将随着钱江潮涌继续传承下去，占据当地人记忆中的一个角落。

难忘的江干围垦

周连根

提起钱塘江围垦这段历史，是我难以忘记的一段岁月。其实早在20世纪60年代初，就有生产队在围垦了，地不够种嘛；不过那时候是自发的，后来嘛就扩大了。老实说，现在钱江新城绝大部分地块，都是当年我们江干人民一担担，一肩肩挑出来，围出来的，整整造出了一个新城，你们说大不大。我作为一个钱塘江围垦的亲历者，每当回想起那段艰辛的创业岁月，我的心里就觉得非常自豪。

我们四季青位于杭城东郊，南邻钱塘江，是城市蔬菜主要产地；但土地资源都相当贫乏，每人平均耕地面积不足三分，虽然有集体经济，长年种植蔬菜，但也满足不了本地农民的生活需求，在计划经济的年代里，过着口粮短缺，生活贫困的日子。人口多，耕地少，怎么办？

早在20世纪60年代初，就有生产队看中了钱塘江边的滩涂，而且自发地围出了一些农田，1971年，正是农业学大寨的年代，四季青公社党委也把目光盯在了钱塘江边的大片滩涂上，因势利导，把学大寨和搞围垦联系起来，大寨人能在光秃秃的虎头山上种出粮食；我们四季青菜农就向钱塘江要地，让滩涂变成粮田。于是，一场轰轰烈烈的钱塘江围垦战斗打响了！

当时我担任常青大队第十生产队队长，正是年轻力壮的小伙子，积极响应党委号召。挑选和组织了队里的精壮劳力，男女社员，加入到围垦大军的队伍当中，日夜奋战在我们生产队的包干段上。隆冬季节，天寒地冻。每天清晨我们披着晨霞，踏着地上的浓霜来到围垦工地，这时候沙滩还结着一层薄冰呢，大家二话不说，脱去鞋袜就踩了下去；赤脚踏在碎冰上，真的是彻心彻肝的冷，脚后跟的裂口被冰水一激，立刻出了血，可大家毫无怨言就干了起来，每一担担湿漉漉的沙土挑上堤埂；个把钟头干下来，脚不冷了，手不凉了，浑身上下就热乎乎的了，脚底下的堤埂也在众人的号子声中慢慢地增高，加宽。大家心里明白，只有围起了堤坝，挡住了江水，才能将围坝里的滩涂增高，变成沙地，所以围堤是最重要的环节，因此在劳动中都十分注重质量，经过一冬加一春的奋战，终于在1972年上半年完成了从杭州味精厂（当时叫粮化）以外至江干排灌站的第一期围垦任务！

正当我们喜庆成功，准备划片分地时，天有不测风云，8月2日，一场突如其来的特大洪水汹涌而来，冲垮了我们花了一个冬春修起来的堤坝，底宽20米，高4.5米的防洪堤埂被冲开了百米长的一个大口子，还冲出了一个四五米深的潮冲潭。刚围起来的滩涂成了一片汪洋，原本打算选用种粮的希望化作泡影，大家心里那个懊恼呀，面对无情的水灾，我们并不灰心，水灾反而激起了我们的斗志，继续发扬拼搏精神，重新修堤。早上五点钟就出发了，顶着炎炎夏日，在近40度的高温下，汗淋如雨一日复一日，总想把缺口早点堵上，一天十多个小时的高强度劳动，有的人中暑了，有的人由于流汗时间长，出现了“烂裆”。“烂裆”就是平常说的“衬糙”，大腿根部因汗水和摩擦，皮肤又红又肿，走起路来又痛又难受，但他们仍咬牙坚持在工地上。直到晚上七八点钟才拖着疲惫的身躯，迈着沉重的步伐，一拐一拐地回家，第二天照样奋战在工地上……经过近20天的奋战，终于把冲垮的大堤重新修复了。

堤坝是修复了，但怎样才能增强堤埂的抗洪能力呢？我们通过认真总结，适时改变计划，不急于造田，公社在闸口玉皇山小山头办了一个采石场，开采石块，沿堤埂外侧进行抛石护堤防洪，避免堤埂再次冲垮。当时我们根本没有汽车，就连拖拉机也很少，全靠人力车运输石块，十多千米长的堤埂要用几十万立方石块，这么重的运输任务就落在我们这批壮劳力身上。运石的队伍凌晨四点就出工了，一人一辆人力车，从采石场到堤埂，一个来回十几千米，一天少则二车，多则三车，每车少说也有吨把重，堤埂上的土有点软，车轮子陷进去动不了，这时候就得有好几个人上来帮忙推车才行，整条堤埂上，“嗨哟、嗨哟”的号子声此起彼落，场面是非常热烈。就这样通过两个冬春的辛勤努力，整条堤埂外侧的抛石全部合拢，防洪大堤修筑完成。站在宽阔的堤埂放眼望去，外面是江水，堤内是一大片平整的滩涂，人们那个心里头啊，真是高兴透了。

从1972年年底开始，我们一边加固堤埂，一边开始挖鱼塘，平整土地，同时进行盐碱地改造，真是流多少汗水，就有多少收获，1973年下半年，我们迎来了第一个丰收年，围垦田里第一次种晚稻，亩产近千斤！望着黄澄澄的稻谷乡亲们喜笑颜开，围垦时的一切艰辛早被丢到了脑后。当人们吃着自己亲身围垦，亲手播种，那香喷喷，甜滋滋的晚来饭时，真有说不出的感慨，在上级党委的带领下，我们这辈人真是做了一桩造福子孙，利在当今，功在千秋的大好事！

尝到了围垦的甜头，大家的信心更足了，下决心要继续搞大围垦，从1973年冬季开始，又进行了48甲和49甲的第二期、第三期工程。围垦到现在已过去了几十年，可说实话，如今回想起来，就像在眼前一样。记忆中的钱塘江滩涂是一大片寸草不生的盐碱地，又是抬沙地，围垦的时候，既没有遮阳的地方，更无避风的去处，真是夏天里日晒雨淋汗拌饭，腊月里寒风刺骨足踩冰，确实是够艰苦的。记得在49甲第三期围垦时还遇到了浮沙层，一脚踩下去就淹没到膝盖，但我们还是拔脚捂脚地硬是将沙土挑上堤埂，虽然事半功倍，特别费劲，但我们齐心合力，战胜了浮沙层。

新挑筑的堤埂存在的最大隐患，那就是在遇到洪水时有可能出现“灌涌”，所谓“灌涌”就是堤埂某处出现了像蚁穴之类的空洞，江水就会从这个洞里灌进来，而且越灌越大，一下子冲出一口缺口，最终使千里大堤毁于一个小洞。所以一出现灌涌，就意味着堤埂有被冲垮的危险。有一次我们的堤埂就出现了这样的险情，当时任常青大队武装民兵排长的卫妙林同志为了堵住灌涌，防止决堤，奋不顾身地跳入水中排险堵涌，结果被无情的洪水卷入漩涡，被激流冲出好几十米，差一点“光荣”了，幸亏大家奋力抢救才幸免于难，真是惊心动魄。

现在我想起这一幕情景还非常的感动……

经过五年的艰苦奋斗，三期围垦至1975年终于全面完成，从现今的钱江三桥至三堡船闸，总面积6000多亩的围垦地成了当时四季青公社的鱼米蔬菜基地，极大地改善了全公社人民群众的生活状况和经济收入。当今天一条条宽广的马路铺起，一幢幢新建的高楼耸立在当年的围垦地上，昔日滩涂成为今日杭州的中心——钱江新城，我内心感到无比的兴奋和自豪，当年我们的所有辛苦付出真是利在当代，功在千秋。值、值、值！

清乾隆年间的水沙测报制度

茹仁

钱塘江治理中的水沙测报制度始于清朝的乾隆年间。根据相关历史资料记载，清乾隆二十四年（1759）前后，原中小门主槽激流逐渐淤塞，不到一年时间，河口段大溜主槽即被迫改流，复归北大门出海，朝廷及浙江巡抚从这次主槽改道中得出一个经验："塘工之夷险，全视海潮为转移；海潮之撞击，又视沙水为迁徙。"从而认识到审查河势的重要性，防患未然的必要性。乾隆二十五年（1760）五月，浙江巡抚庄有恭即具专折，向朝廷奏报北岸沙涂淤涨情况；并称已于三月朔汛开始，着令所属厅、汛官员每隔五日一报。乾隆皇帝接此奏章后即批示："绘图奏来。"这就是促成观测仁和、海宁一带沙水变化的开端。

乾隆二十七年（1762）三月初三，乾隆帝南巡，专程到海宁视察海塘，他在踏勘尖山海塘时，巡汛的下属向皇上奏报了塔山水沙情况，乾隆听奏后，遂命都统驽三、额附福隆安在尖山石坝（即塔山坝）石篓上树立三处标记，以验测涨沙尺寸；同时命浙江巡抚按月绘图专折奏报，从而成为制度。第二年六月，乾隆又在奏报沙水变化的奏折末尾御批："绘图不必每月，两月一次可也。"乾隆三十年（1765）闰二月初六，他再度南巡阅视海宁海塘，亲临塔山坝验勘，见涨沙较旧志复增五尺，便命向导大臣驽三于塔山护坝竹篓上重立标记四处，交巡抚熊学鹏按新立标记办理；四十三年（1778）六月，乾隆又以"岔口外面阴沙渐见刷塌，而七里庙一带新涨阴沙，此乃好机会也，从此日渐南趋亦未可定”，命浙江巡抚“于下月绘图再奏报一次”，从此又恢复为每月绘图奏报一次，一直延续至清末。

这段历史记载出自乾隆《阅海塘记》，从中可以看出：沙涨情况及水沙变化直接影响到海塘的稳固，乾隆帝对此十分重视，不但南巡视察、亲自过问，而且紧紧地抓住不放，立下了一月一报的制度。

乾隆五十八年（1793）二月，巡抚觉罗长麟以大溜（江中心速度大的水流）有南趋之势，在南岸旧有的老沙和阴沙面上，每宽一百丈钉标志桩一根，以核验滩涂淤坍变化；计划在西兴以东至童家湾钉桩14根，长山外钉桩22根，西口门外钉桩21根，河庄山外钉桩20根，党山河埠外钉桩18根。

我们从有关资料中可以看到当时沙水测报的范围：在乾隆二十七年（1762）初次测报时，仅为北岸仁和念股头至海宁马牧港一段塘外沙涂坍涨情形和尖山石坝涨沙变化；到乾隆二十九年（1764）二月，测报范围又扩展到海宁城东念里亭一带；至乾隆五十五年（1790）三月，北岸的测报范围已扩展到仁和乌龙庙至海宁尖山石坝；乾隆五十八年（1793）二月，南岸也延伸为西兴到党山一线。以后测报点不尽相同，但均在此范围之内。

在这许多测报点中，江干段的乌龙庙也位列其中，可见它是北岸岸线上一个重要节点，同时更说明在乾隆年间，乌龙庙石塘外侧一带，已经涨出了一大片的滩涂。

那么有哪些测报的内容呢？它主要包括旧沙（涂）的长、宽，有无刷短或淤积，以及新沙的长、宽。如若新涨尚未淤高，潮来漫盖，潮退显露，称之为“水沙”；若潮退后也不能露出水面者，称为“阴沙”。沙水图系用不同颜色绘制，塘内用深绿，中泓用深蓝，阴沙用水墨，看上去一目了然。测报就是随时掌握沙涂涨坍的具体情况和变化，以便采取相应措施。

有了这套制度，经办官员据实奏报，乾隆皇帝能随时了解沙水变迁动态，从而判断出分管官员提出的塘工修筑方案是否妥当，并提出具体意见。比如在乾隆四十五年（1780）十一月，因仁和县章家庵对面和迤西头围江中先后新涨阴沙，回溜搜刷塘根，王禀望奏报拟改变原定计划，从天字号以西添建石塘数十丈。乾隆得报后谕：阅图内章家庵对面新涨阴沙离塘仅二里有余，则竟可望其再向北涨，与塘相连，逼溜南行。并批示曰：朕意或从南岸港边一带涨沙施工，概行切去沙头，使溜势得从此南泄，未始非引溜之一法。但其事是否能行，朕亦不能悬定，已于图中点出。要总督富勒浑和王禀望悉心筹划，迅速复奏。富、王二人得此圣谕，重新踏勘筹划，不日后上奏：因阴沙涨潮时要漫溢，沙活难以施工，且会随切随淤，未行施工。故改在顶冲处所添建柴盘头一座以挑水势离塘。次年，又因仁和范家埠一带塘外新涨阴沙，富勒浑奏报于顶冲处所新建柴盘头一座，挑开大溜，拟再建一座。乾隆帝阅后圣谕：朕详阅图内所筑上、下盘头两座，似未十分得力；朕意莫若竟于天字号章家庵处所赶筑盘头一座，使溜势向外挑开，不至复逼塘根，已于图内用朱笔圈识。著发交阿桂等阅看，将是否应当如此办理，公同察看情形，详酌妥议具奏。乾隆皇帝要手下“详酌妥议具奏”，实质上就是要求属下官员注重现场踏勘，根据具体情况深入研究，拿出最有效的施工方案报上去。

再比如乾隆四十八年（1783）三月间，因潮水冲刷范公塘一带，水深不能打桩下薪建筑盘头，巡抚福崧奏报已建一座石坝挑溜，拟于沉船之首冲处再建一座，使往来潮溜不致逼近塘根。乾隆阅报后即于四月下谕：阅图内所筑坝之处，稍觉偏北。朕意于迤南再筑一坝，以挑水势，俾大溜日就南趋，于刷沙方为得力。已于图内用朱笔标记。著将原图交福崧一并遵照妥协筹办。此坝筑成，果然得力，效果很快就显示出来了。这里所说的范公塘在江干境内，它就是从七堡至乌龙庙的一段海塘，史称“范公塘”。

历史记载中如此评价乾隆皇帝：不但十分重视海塘修筑，而且能具体地提出钱塘江治理修筑意见，仅此一帝也。

在乾隆年间确立的水沙测报制度，一直延续到清末，为后来的定期测量江道地形和江槽变化奠定了基础，有力地促进了钱塘江海塘岸线的防护和管理。即使在后来的围垦筑堤的建设工程中也起到了不小的作用。

上、下大佛寺与土海塘之考

俞长寿

杭州艮山门外大佛寺是一座古老的寺院，位于古代走马塘（今机场路）北侧。走马塘路原是杭州最早的一条土海塘，因塘变路而得名。相传，当年为了震慑汹涌的江潮海水，在钱塘（今杭州）与海宁绵延的海塘北岸相续建起了两座大佛寺，在杭州的一座叫上大佛寺又称上身大佛寺，在海宁盐官的一座叫下大佛寺也称下身大佛寺。

由于笔者生长在上大佛寺所在地原笕桥镇弄口村，因而对上大佛寺的位置环境比较熟悉。大佛寺在枸桔弄老街的西端，池塘庙（永惠祠）的东面。枸桔弄老街原是走马塘路的一段，是由马路演变而来的一条街巷。笔者小时候跟随母亲去枸桔弄老街赶场，都要经过大佛寺前。20世纪50年代末，解放军南空部队雷达五团进驻大佛寺，但寺房并未被全部占用，主要占用的是大佛寺的大殿与大殿后的厢房。60年代初，笔者未上小学时，曾多次进入大佛寺内玩耍，亲眼看到大佛寺天王殿几尊高大的佛像，佛像的底座高过笔者的头顶。天王殿里的佛像不是金身而是彩身，1966年“文化大革命”开始后，佛像逐渐遭到毁坏。

爱玩总是孩童的秉性。那时我与几个邻居小伙伴，在跟随大人到枸桔弄老街去时，经常会到大佛寺天王殿里去搞捉迷藏的游戏。天王殿佛像底座约有1.5米高，四方形，约有2米宽，很适合我们小孩子玩捉迷藏。有时为了更好地躲藏起来，我们几个顽皮的孩子，甚至攀爬到一米多高的莲座上去，在佛身或佛手后面躲藏起来。由于有这些经历，（上）大佛寺让笔者有了很多美好的儿时记忆。尽管岁月已过去了半个多世纪，寺院建筑物早已荡然无存，仅遗有一块大佛寺寺藏碑刻，但那些记忆依然清晰如初。当然，那时不知道大佛寺有着悠久的历史和丰富的人文传说。

要说开始对大佛寺的文化历史有所了解，那是20世纪90年代初的事了。随着杭州社会经济的不断发展，城市也加快扩容。原有的杭州城站火车站已承担不了日益增大的人员流量。1992年，开始筹建杭州火车东站，已改为杭州池塘小学的大佛寺旧址，是铁路东站轨道与沪杭铁路线连接的过道，因此大佛寺旧址的部分土地被征用，旧址上的池塘小学建筑也被全数拆除。一些知道某些乡土历史的当地老人，开始闲谈被征用土地上的逸事传说。

笔者是一个爱听旧事轶闻的人。据世居构桔弄的耄耋老人祝利金讲：听前辈人说，很早以前，走马塘路南面是一片江海，每年潮水都会冲击走马塘，甚至冲过走马塘，淹没塘堤北面的大片庄稼和村庄，住在岸边的民众因而苦不堪言，官府为此伤透了脑筋。为了免遭潮水的侵害，当地人就在走马塘北岸建起了一座小佛庵，以祈求佛陀保佑平安。后来，由官府出钱扩建了小佛庵，才改称大佛寺。相隔不久，在土海塘的另一端海宁盐官，也建造了一座大佛寺，因而就有了上、下大佛寺之称。上大佛寺的菩萨佛像莲座较高，贴金彩身佛像也高大；下大佛寺的菩萨佛像莲座低，佛像彩身相对体量也小。

根据宋《咸淳临安志》收入的《浙江图》标示看，大佛寺在城东新路（走马塘路），而图中滔滔的海水就近在咫尺，从中可以印证祝利金老人关于大佛寺为震慑海塘而建的传说是有史实根据的。

为了深入了解上下大佛寺与古海塘的文化渊源，2014年11月5日，笔者随同《江干报》副刊主编沈树人老师等三人，一起到海宁盐官进行实地考察。在听说安国寺也叫大佛寺的信息后，我们兴奋不已，并向多名当地人求证了这一说法的真实性。为此，我们在盐官当地人的向导下，首先去查看了原安国寺的遗址。

安国寺是座千年古刹，现遗址仅存三座唐代经幢，是全国重点文物保护单位，其中一座建于咸通六年（865）的经幢雕刻最为精美，是唐代石质仿木结构最早的实物，具有重要的文物价值。大概为了保护安国寺经幢，经幢遗址四周已拦起一道围墙。我们不能走近仔细观看，只有在隔离围墙稍远处向里眺望，才能窥视到那几柱沧桑经幢的概貌。

我们怀着弄清上、下大佛寺历史的心情，一行三人离开古寺旧址，赶到遗址1千米之外的新建安国寺探寻。新安国寺的管理人员非常热情地接待了我们，并对安国寺也叫大佛寺的情况给予了明确的肯定。寺院方还为我们提供了一些安国寺的相关历史介绍资料。翻阅了古寺资料后，我们才得知，原来安国寺的建造年代是在唐开元元年（713），至今已有1300余年历史，与土海塘改建为捍海塘的年代相同。这是一个有意义的史料性发现。

据史籍记载，安国寺俗称北寺，初建时称为镇国海塘院（海昌院），唐会昌五年（845）被毁废，大中四年（850）重建，改称齐丰寺。北宋大中祥符元年（1008）始称安国寺。因寺内有大佛殿，故也称大佛寺。与走马塘上大佛寺在北宋咸平六年（1003）始建佛庵有时间上的关联。

宋《咸淳临安志》载：“大佛院，在艮山门外十里松城镇。国朝南渡时，有小庵，内有井，蓦起黑气，弥漫一方，不辨彼此。须臾收入，变为白光。父老奏闻，绍兴八年（1138），高宗敕造大佛于井上，以镇压之。嘉泰三年（1203），宁宗敕建大佛院。院在永惠祠东一里，近姚陡门。”因当时杭州百姓视大佛寺为护佑海塘的，它的重要性关乎国泰民安，才会使两代皇帝下诏扩建大佛寺。这也可能是盐官的下大佛寺又叫安国寺之名的原因。上、下大佛寺始建年代虽不同，但都为震慑海潮、护佑海塘，由旧寺庵改建而来是一致的。

因渊源于海塘历史文化，盐官有很多地名与杭州江干区及笕桥一带的地名相同，除了上、下大佛寺以外，江干有丁桥、闸口，盐官有下丁桥、下闸口等。这是由上、下海塘文化所带来的地名文化的延伸，沉淀着百姓祈求海塘平安的心愿。

通过我们此次对上、下大佛寺与东汉土海塘历史渊源的调查考证，综合其他海塘史料，对认定走马塘路是“东汉钱塘”遗迹有了更加充分的依据。我们应该将这一重要古海塘历史遗迹文化列入杭州乃至浙江省海塘文化史中去，并进一步深入研究，以推动钱塘江海塘文明史的发展，也有利于弘扬优秀乡土文化。

围垦工地上的青年突击队

周永祥

1969年，四季青公社围垦江涂的战役进入了艰苦的岁月。“起床五更头，吃的冷饭头，挑的重担头，回来半夜头，围起大埂头。”这是流传在围垦工地上的一首顺口溜，真实地反映了四季青人民围垦江涂的艰辛。无论是刮风下雨，还是下雪下霜下“雪薄子（冰雹子）”，5000多名围垦战士每天都奋战在工地上，没有停止过一天。当年围垦时的千辛万苦，不身临其境的人是难以想象的。大风大雨天，在工地上吃中饭时，雨水打在笠帽上，笠帽上的雨水又滴进饭碗里，那滋味真是又苦又涩；没地方休息，大家靠在一起，用蓑衣护住身体相互取暖；冰冻天来临，大家用铁镐敲开地面冻土，挖取下面的软土筑堤；逢上一些头疼脑热的小病，大家是不会下火线的，顶多请工地上的赤脚医生看一下，吃点药，就又上工地上劳动了。在艰苦的岁月中，各大队的青年突击队发挥了积极作用，深得公社领导和广大围垦战士的赞赏。

1969年冬，公社党委发出号召，要求各生产大队充分发挥共青团员的模范带头作用和生力军作用，成立青年突击队，为围垦战役做出积极贡献。一时间，全公社的团员和青年积极分子掀起了一股踊跃报名参加青年突击队的热潮。那个年代青年入团的条件十分严格，一般青年很难轻易加入。入团须具备以下条件：第一条，必须是贫下中农成分，富裕中农是团结对象，其子女也可入团，但表现必须十分积极和出色；第二条，必须在阶级斗争中立场鲜明；第三条，必须是青年中的尖子；第四条，不能有一丝一毫的政治污点；等等。那时，若想入党，必须先过了入团这一关，否则门都没有。青年积极分子若被批准加入青年突击队，成了优先发展的对象，那么离入团的大门就近了。记得航海大队有两个叫徐水凤、郑凤美的姑娘，因成分都是富裕中农，在报名参加青年突击队时被拒，当场哭了，两人跑回家后，取出一块白布，咬破手指，写了一张坚决要求参加青年突击队的“血书”交给大队团支部书记。团支部书记被她们感动了，同意她们加入青年突击队。后来她俩在青年突击队表现出色，很快被吸收入团。

1969年11月5日，公社团委在围垦工地召开四季青公社围垦工程青年突击队成立暨誓师大会，公社团委书记闻奎松主持大会，公社革委会党的核心领导小组组长朱生钦到会并发言，长庆大队团支部副书记兼青年突击队副队长傅维琴代表全公社800余名突击队员在会上宣誓；朱生钦随后在台上向各大队的青年突击队队长授旗，红旗上分别写着各大队青年突击队的队名。

各大队的青年突击队人数都在100人左右，队长都由各大队的团支部书记担任，青年们都以参加突击队为荣，劳动时，同唱着一首歌：“我们年轻人，有颗火热的心，革命时代当尖兵；哪里有困难，哪里有我们，赤胆忠心为人民……”正如歌中所唱的那样，青年突击队在围垦工地上发挥了十分突出的作用，哪里堤坝最难围，任务就交给青年突击队，突击队总能最先完成任务；哪里最困难，突击队员们就冲在第一线。各青年突击队还开展了劳动竞赛，以夺得优胜红旗为荣；哪里最危险，哪里就有突击队员的身影，甚至冒着生命危险也不后退半步。1970年春汛期，江潮汹涌，肆意冲击着刚筑起的大堤，公社党委把抢险护堤的重任交给青年突击队，各大队青年突击队分段把守。突击队员们劳累了一天后，在工地上吃过晚饭，继续给草包装土，以备堵缺抢险；打着手电巡逻在大堤上，警惕查看大堤，严防大堤漏水。常青大队队员在巡逻时忽然发现堤边出现深沟，情知堤埂出现了漏洞，便高呼“有险情！”队员们火速汇聚过来，准备用草包堵漏洞，刹那间，漏洞被江水冲开了一个大口子，情况万分危急。关键时刻，突击队队长卫妙林奋不顾身跳下堤，用身体堵住洞口，不料反被江水卷入洞中，又被江水从洞中冲入堤内，他大喊“不要管我，赶快堵洞！”卫妙林的英勇壮举，激励了其他突击队员，纷纷跳入江中，用血肉之躯堵住了洞口，兄弟大队突击队队员在第一时间赶来支援，用草包堵住洞口，终于护住了大堤。

大堤上，青年突击队队旗迎风飘扬，其中有一面队旗分外耀眼，上书“光明大队铁姑娘突击队”。这个队有三十几位姑娘，队长叫项水琴。项水琴是大队团支部副书记，生性好强，她找到大队党支部书记韩幼根，表示要成立铁姑娘突击队，参加围垦战斗，韩幼根十分赞赏项水琴的想法，表示支持。项水琴立即组织了二十几个女团员和十几个女青年积极分子，成立了光明大队铁姑娘突击队。这支女突击队在围垦工地上“巾帼不让须眉”，照样和男队员一样，干一样重的活，挑一样重的担，不怕苦，不怕累，日夜奋战在围垦工地上。队长项水琴更是冲在前，干在前，挑的泥担和男队员一样重，脚步也比男队员快，队员们都对这个女突击队长刮目相看，心中敬佩，把她当成了大家学习的标杆。长期的劳累过度，使项水琴患上了肾病，后又转为尿毒症，经医治无效，不幸英年早逝。像这样可歌可泣的感人事迹，在青年突击队里是举不胜举。

如今，不少老人是当年青年突击队队员，说起往事，他们都念念不忘，特别自豪。

小记江干区的围垦

王云良

新中国成立后大规模的钱塘江围海造田运动，是人类历史上的一大创举，可说是史无前例。江干区毗邻钱塘江，其四季青、彭埠、九堡、下沙四乡镇是钱塘江北岸围垦造田的主力军，其中彭埠、九堡两镇还渡江围垦，江干区政府还曾组织街道青年在钱塘江南岸开垦，造田建立红垦农场，因此，除萧山以外，江干区也是一支很大的围垦力量。

一直以来，钱塘江犹如一条桀骜不驯的蛟龙，一刻也没停止过对两岸江堤的肆虐，往往是冲坍南岸冲北岸，把桑田夷为沧海，给两岸人民带来深重的灾难。灾民流离失所，无家可归，灾区哀号恸哭，饿殍遍野。

新中国成立后，钱塘江两岸人民在中国共产党的领导下，不信天、不信神，用自己勤劳的双手，在钱塘江上摆开了与龙王、潮神搏斗的战场。他们吃咸菜、啃番薯、住草棚、睡泥地，冬不避刺骨寒风，夏不遮炎炎烈日，在艰苦的条件下，每天挑土3—5方，“向潮水夺地，问海涂要粮”。

纵观江干区的钱塘江围垦大致可分为这样几个阶段：

一是新中国成立初期的“涂涨我垦”阶段。此阶段是群众自发为主的垦种阶段，仍停留在以前那种小规模的围垦种植模式，一般只求庄稼种一茬是一茬，堤塘筑得不固，下沙、九堡、彭埠、四季青的沿江各村都有这种现象。主要种植作物为小麦、油菜、乌豇豆等，虽有一定的收获，但成效不大。

二是集体组织发挥作用阶段。1962年，四季青的近江村开始由村统一组织全村群众进行海涂围垦。他们通过集体力量筑起一条底宽8米、高4米、长1300余米的防潮江堤，围得土地360余亩。在近江村西边的桃花弄村，也组织村民进行围垦，围得土地120余亩。

1966年，彭埠镇的红五月村在钱塘江中间的“七堡下游右岸顺坝”处，进行渡江围垦造田。同期，彭埠镇的七堡村、兴隆村、建华村也纷纷渡江围垦。九堡镇的杨公、九堡、牛田等村也在其西边进行了大规模的围垦。其间，有一部分围得的土地仍被江潮吞没，结果是彭埠各村实际围得土地993亩，九堡各村实际围得土地1020亩。许多以村为单位的围垦造田多在此阶段展开。

三是以乡镇为单位的大规模兵团式作战阶段。20世纪60年代末，到80年代初，在农业学大寨的精神鼓舞下，下沙、九堡、彭埠、四季青均进行了大规模的围海造田运动，下沙、九堡决战下沙荒滩，彭埠决战沿江，四季青决战木材厂至三堡江滩。其间，四季青在1969年和1970年共投放工劳力50万工，挖土70多万立方，筑起5000多米长的围垦大堤，围得土地3800余亩。

据四季青的统计，在1963—1970年这几年间，全镇共投入围垦劳力143万工，挑土137万方，筑起底宽30米、高4米、长2.57万米的围垦大堤，共造田5600余亩（有的地段内围后再进行外围）。

其时，下沙、九堡及军区部队在下沙、九堡东南的江边围得土地约3万亩。

另外还需要特别提到的是，江干区政府在围垦造田中曾做过一次重大决策。1966年1月，江干区政府组织街道青年550人，在钱塘江南岸的萧山九号坝东侧进行开垦海涂作战，成立了九号坝农场（1969年改建为杭州市红垦农场），青年们在区政府的领导下，克服重重困难，在围垦一线“经风雨、见世面”，磨练意志，顽强地拼搏，共围得土地7617亩。

在历次围垦中，自然灾害和恶劣气候一直与人们争夺围垦土地，其事例不胜枚举。许多刚刚筑成的大堤一夜间被潮水吞没。彭埠镇建华村在“七堡下游右岸顺坝”的围垦地约有400亩围垦土地全部被潮水冲没，成为永远的遗憾。几年间，彭埠镇的七堡、五堡、六堡、御道村的几百亩沿江围垦地也全被潮水吞没，当然，也有幸免于难的。据回忆，1974年8月的13号台风，袭击了当时与萧山没有连片还处在钱塘江中间的红五月、兴隆、七堡等村的围垦地多处决口，地上一片汪洋，可以撑船，后经协同作战，奋力抢险，终于保住了土地。

围垦造田是一项极其艰苦且危险的劳动，因抢险护堤、劈山采石、渡运物资等牺牲者大有人在，我们应永远铭记他们。

围垦造田使国家、乡镇、村获得了大量的土地，也得到了有效的利用，分别开挖鱼塘，种植蔬菜，举办奶牛场，创办乡镇企业，为社会创造了许许多多的财富。目前，钱塘江南岸的红垦农场及彭埠、九堡的围垦地已融入了萧山区“全国重点星火技术密集区”，北岸的下沙、四季青的围垦地在城市化推进过程中，已成功地建筑起下沙新城、钱江新城，他们正在为大都市杭州的繁荣散发出绚丽的光彩。

沿江风情

YANJIANG FENGQING

七甲塘路的水杉林

光亭

七甲路原本是从杭海路到下车路口长约500米的一条塘路。20世纪70年代初，四季青公社搞围垦，从下车路到江边筑起了一条长约1千米的围垦大堤塘，大堤塘也是路，延伸段也叫七甲路，成为围垦区的一条主干道，属航海大队（定海村）管辖。为护堤、固堤和绿化垦区，时任航海大队党支部书记的郭锡潮，拍板决定在这条主干道两侧种植水杉树。1975年春，大队从萧山苗木场采购来3000株杉树苗，以每株1.5米的间隔种植在七甲路两侧。

参与过四季青围垦的人都不会忘记七甲路上的水杉林，更不会忘记这条塘路的护林人——杨忠德。

树种下后，必须得有一个责任心强的人来管理，否则白忙一场。大队党支部开会讨论人选时，大家不约而同地想到了一个人——杨忠德。杨忠德是一个有着30多年党龄的老党员，工作积极，事事走在前头，深受村民爱戴，人称“老黄牛”。支委会一致同意推选杨忠德担任七甲路护林员，立即到一队叫来杨忠德，征求他的意见，老杨伯当即表示服从组织安排，第二天走马上任到七甲路上当起了护林员。老杨伯从新开河里挑来一担担清水，用舀斗一勺一勺地浇灌一株株刚栽下的小树苗，1.5千米的路，来来回回不知挑了多少担水、舀了多少勺水、流了多少汗，细心地呵护每一株树苗，每天一浇，从不间断，3000株杉树苗成活率达到100%。看着杉树苗一天天长高，老杨伯心中充满了喜悦。为使树苗不被大风吹倒，老杨伯从大队仓库里用钢丝车拉来一捆捆竹竿，把每一株小树用竹竿支撑绑紧，光这一项工作，就花了整整一个月时间。

年复一年，七甲路上的杉树已成林，长得枝繁叶茂的。无论寒冬腊月，无论盛夏酷暑，也不惧刮风下雨，老杨伯背着一张铁耙，每天来回好几趟在七甲路上行走，行人每天都能见到他的身影，树林中的杂草，被老杨伯铲除得一株不剩。见到牧童牵牛在树林中走，老杨伯就上前劝阻，以免伤到幼树；到了晚上，老杨伯也要在七甲路上走一趟，看看这片杉树林。老杨伯像护理自己的孩子一般照料这片杉树林。可以说，这片杉树林，倾注着老杨伯的无数心血。

有一天，吃过晚饭后，老杨伯忽然感到头有些疼，老伴用手一摸他的头，感到有些发烫，就给他喝水，并嘱咐他早点上床睡觉。老杨伯说，我不放心那片杉树林，杉树枝可以插活，现在社会上有些不法分子就是趁着天黑，偷折杉树枝，插活成小树苗后再贩卖给树农谋获暴利。说完不顾老伴的再三劝阻，扛着铁耙出门了。一路走到七甲路八一翻水站对面路段时，隐约发现前面停着一辆拖拉机，赶上前去一看，有两个人正在起劲地剪杉树枝，不由怒从心起，大喝一声："你们在干什么？这是集体的树，你们这是犯法呀！"那两人一听吼声，慌忙从树林中走上堤来，见前面站着一个怒发冲冠的老人，连忙告饶说："大伯，我们错了，我们走，我们以后再也不来偷剪杉树枝了。"老杨伯对他们教育了一番，没收了他们的杉树枝，也就放他们走了。经过此事后，老杨伯更不敢放松警惕，每晚必定要来七甲路巡逻，到半夜才回去，几十年如一日，不管刮风下雨，从未间断。老杨伯也因此连年被评为公社党员积极分子。

10多年后，七甲路上的参天杉树长得郁郁葱葱，成为钱塘江堤塘的一道绿色屏障、绿色大道、绿色景观。人们由衷敬佩老杨伯的护林功绩。夏天，行人们走在七甲路林荫道上，无不感到凉快惬意；“双抢”季节，社员们在林荫下吃中饭、歇息乘凉，消除劳动的疲劳。而老杨伯仍然扛着一张铁耙在七甲路上来回护林，人们见到他，无不热情地和他打招呼。对于人们对他的赞许声和表扬声，老杨伯总是淡淡一声说：“这是我应该做的。”

现如今，七甲路已成钱江新城核心区，旧貌换新颜。下车路通往江边的那一段七甲路，已被建成解放东路；下车路口到杭海路这一段七甲路仍在，两旁的水杉树仍在，依旧长得郁郁葱葱，越发粗壮高大了。

只是，老杨伯早已故去。

谨以此文缅怀杨忠德同志的护塘功绩和高尚品德。

钱塘江邮路与七堡邮政所

鲍王平

清朝乾隆年间，钱塘江海塘逐渐稳定，为了更好管理海塘，乾隆二十年（1755），在八仙石（今清泰立交桥东头）开始建堡房。那时钱塘江北岸（今三堡到七堡一带）还没有地名，所以就以堡房为名，由西往东依次下来，八仙石开始为一堡，到了第七座堡房便是七堡。这就是七堡地名的由来。

根据资料显示，早在清宣统二年（1910）十月，笕桥镇就设立了邮政代办分局，第二年，乔司镇也开办了邮政代办分局。和这两地相比，七堡邮局成立时间比较晚。当时七堡街上居民及周边百姓，寄信要跑到笕桥或乔司去办理，很不方便。

其实在邮局没有出现之前，七堡镇上有的商行就兼营信业，这些商行为了便利各自业务的交易往来、货款流通和互通行情，派人递送书信，其后又受人委托，收受为别人输送信物，收取佣金，逐渐将信业作为副业来进行。于是，钱塘江沿线就慢慢地出现了一个代寄信的业务，邮路应运而生。这种现象一直延续到新中国成立后才结束。

当时在七堡经商的商家基本来自钱塘江沿岸各个地区，一般称为上游客和下游客。上游客是指七堡上游的，近的有富阳、桐庐、建德、兰溪、龙游一带，远的有休宁、徽州一带。下游客来自今天大江东一带，及绍兴、上虞等，远的有余姚、慈溪等。当时商行替人带信带物是根据自己所

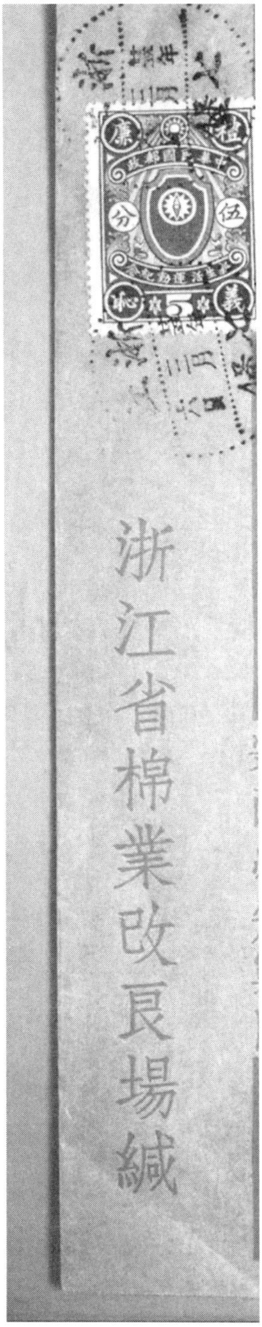

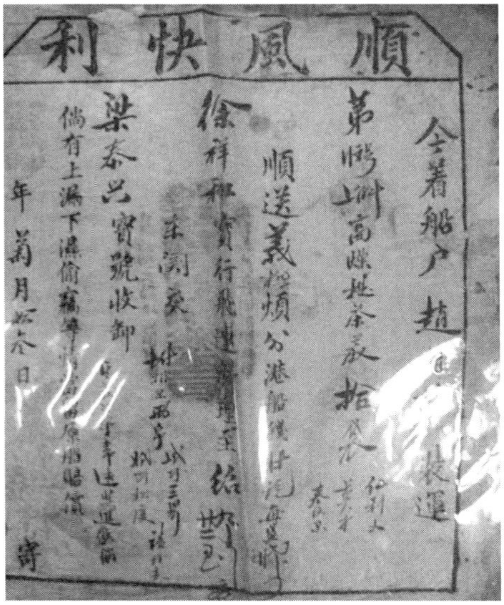

“顺风快利”的单子

经销产品的产地路线，如经营竹木行的一般到富阳、建德一带，经营火腿的到兰溪和龙游一带，经营锡箔蜡烛的一般是萧山和绍兴一带，经营腌货的一般是慈溪、上虞一带。

商行为了防止代寄的信物丢失，商行与委托人和代寄船户间会签订一份名为“顺风快利”的单子，上面有委托人的名字、商行名称、船户信息、代寄信物的数量等。这个应该是快递的前身，那时做这个业务的船户大多数是桐庐人。

到了1930年春，因沪杭公路开通，加之浙江棉种改良场在七堡设总场，当时因场内业务需要，艮山门邮政支局就在七堡设邮政代办所，从此七堡就有了专业的邮政局，其位置就在沪杭公路边。笔者曾看到过一个从浙江棉种改良场寄往上海的信封，盖有浙江七堡的邮戳，这是七堡现存最早的信封。

当时七堡邮局主要服务的对象还是浙江棉种改良场和三五馆蚕种场，居民寄信还是比较少。其一是因为寄信费用比较贵，一般平信要五分，如信纸超20克，要加钱。而船户收信物，一般以斤记，价格比邮局少一半。其二是时间关系，因七堡周边的居民多数寄信的地区在钱塘江周围，从七堡邮局寄出都要转艮山邮局再转运到其他地区，时间上往往比船户慢一到两天左右。

1937年12月24日，杭州被日寇占领，沦陷期间，七堡邮政代办所停办业务。一直到了1945年抗战胜利，七堡邮政代办所才重新恢复业务。

新中国成立后，七堡邮政代办所还是归艮山门邮局管辖。1956年七堡邮政代办所升级为邮政所，那年8月16日，当时的杭州市邮电局为了适应七堡地区的居民、农民向市区通话的需要，在七堡邮政所安装了公用电话，当时的号码为1464。公用电话方便了广大农民群众，当年彭埠乃至九堡许多生产大队（村）都没有电话，一旦遇到生产方面要物质或者生产队（村）有紧急情况，都会到七堡邮局打电话，当时在七堡邮局排队打电话成了沪杭公路七堡段的一条风景线。1957年后，七堡邮政所改为笕桥邮局管理。

新中国成立后，杭州邮电局利用钱塘江航道开了杭州至赭山邮路，邮路从南星桥出发往东航行到达萧山赭山码头，1958年开始经停七堡码头处理部分邮件，直到“文革”前停办。1967年七堡邮局已经非常破败了，杭州邮政局出资0.23万元，建造二间门面的砖木结构的邮局用房，于1968年7月建成。当时笕桥邮政支局派了5个工作人员进入七堡邮政所工作。

墨绿色的门窗，伫立在门前的邮筒，外墙上挂着公用电话的招牌——这是20世纪七八十年代七堡邮局的样子。那时候虽然有了电话，但没有

邮局前等待的人们

来自香港的信件

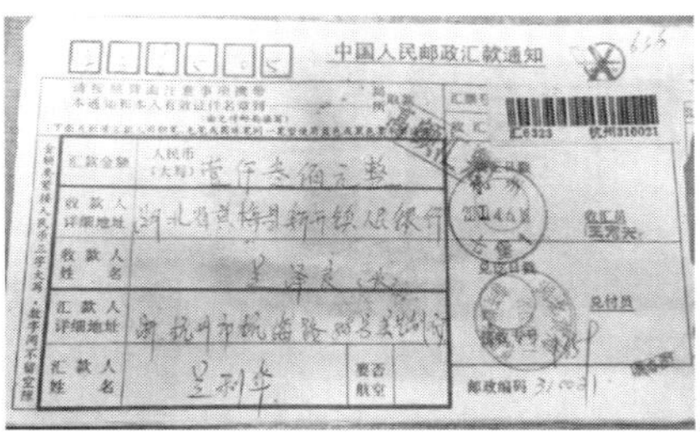

一笔汇款，一份牵挂

普及到家庭，话费又不便宜，许多家庭还是消费不起。人们还是选择淡墨素笺传递信息，高高的柜体前放了一瓶浆糊，寄信的人小心翼翼地用毛笔蘸着浆糊涂抹在邮票上，贴好邮票，封住信口，将信投入信箱。邮局前常常站着一行人，静静等待着来自远方的消息。

笔者手头就收藏了这样一封信。那是一封1988年从台湾寄到七堡的信，只不过这封是通过香港转寄的，可想而知，一个游子浓浓的思乡之情，尽在这一张小小信纸之上。

20世纪90年代，大量的外来务工人员来到七堡周边。来邮局办理业务的主要对象变成了打工者。临近春节，那些寄包裹的、汇款的打工者把邮局围得水泄不通。对于那些从全国各地来到七堡打工创业的人来说，寄信是因为怀念故土，思念家人。那个通信方式单一的年代，邮局里装满了打工者对家乡故土、父母手足、爱人孩子、同伴好友的思念和牵挂。

从书信到电报，再到座机电话、电子邮件、移动电话和短信，及至微信，消息传递方式的演变见证了历史的发展、科技的进步，然而七堡邮局里所发生过的故事及历史沿革，依旧令人难以忘怀。

抢潮头鱼

沈树人

钱塘江上向来就有抢潮头鱼的习俗。这一习俗历史悠久，范围也很广，从下游的海盐段一直往上游延伸到江干段的三廊庙一带。在如今大运河南端与钱塘江沟通的交汇点三堡一线，凡较为平缓的沙滩上，也都曾有过抢潮头鱼的人。而且，抢潮头鱼从它出现的时候开始，就被历朝历代的看客和文人当作奇特而壮观的“弄潮”内容而广加渲染，所以传播得很广；殊不知这抢潮头鱼实在是一件非常危险、将性命系在裤腰带上的玩命行当。

抢潮头鱼是有季节性的，只有在每年的夏、秋季节大潮汛来临之际，才会出现这种场面：每当快要涨潮的时侯，抢潮头鱼的人就在离堤（石）塘一二里之外、大片开阔的沙滩上守候，等待“一线潮”的到来，颇有点像战士待命出击一样。

他们浑身上下脱得一丝不挂，下身只系一块腰布遮挡；手中握一把小巧灵活的鱼兜、腰间挂一只网线袋，真可谓是光屁股上阵。其目的就是为了避免潮水和泥沙沉积于衣裤之内，加重了负担，从而延误了奔跑速度；实在有点儿玩命的味道。

等到远处的潮水像白练似的一线横江、滚滚而来，当潮头离自己只有两三米远时，他们立即起动，踩着脚底下一层薄薄的江水，在一线潮前头飞快地奔跑。此时，身后涛声隆隆，但见高过头顶的潮头正步步逼近；鱼

退潮后兜鱼的人

儿被江潮卷着争相欢跳、跃出潮头，在身前身后或脚底下活蹦乱跳；这个时候正是下手的最佳时机。抢潮头鱼的人个个眼疾手快，挥起鱼兜，一个海底捞月，鱼儿就被兜进网里；说时迟、那时快，只见他一边继续奔跑，一边早将鱼儿放进腰下的网袋里；动作娴熟、身手迅捷、一气呵成。那蛟龙戏水般的矫健身影简直让岸上的看客目不暇接，连大气都不敢出！

“抢潮头鱼”的过程很短，几次兜下来，不论抢到或抢不到鱼，都必须瞅准时机撤退，往堤塘一侧靠拢，然后迅速将手中网兜往上一甩，人也乘势往上跑，一个鲤鱼打挺，跃上堤塘；往往是前脚刚跨上堤塘，回头一看，汹涌的潮浪呼啸着席卷而过，真是惊险万分！要是万一失足，或者体力不支，稍一疏忽，都极有可能被浪潮卷走而酿成大祸，实在让人揪心；这抢潮头鱼得来的钱财真可谓是用性命换来的！用沿江人的土话讲就是“性命铜钿”。

可就是这样一个惊险的习俗，却在钱塘江边长久地延续了下来。就是有这样一群人，一代又一代地在从事这个行当。俗话说，靠水吃水，吃这碗饭的人长年生活在江边，和钱塘江打了一辈子交道，对于潮水的习性和规律、沙滩的地形、堤塘的特点了如指掌；长年的积累，使他们能够从风声、水声、涛声中感觉到潮水那细微的变化，从鱼儿那不同的跳跃中预感到险情的远近，甚至连身上的关节、毛孔都有了相当灵敏的感应。可以说一切都在他们的掌控之中！抢潮头鱼这个行当是钱塘江上一种特殊的谋生手段，参与的人大都是父子相袭，兄弟相传，形成了沿江一带独特的群体。这固然是出于生活艰辛和无奈，然而他们那种凭着一身的胆气和不凡的身手，敢于在浪尖上觅食、在潮头上翻飞的自信和不羁，恐怕是后人将其记入历史的主要原因吧。

到了20世纪五六十年代，随着社会的进步和经济的发展，这一旧时习俗才逐渐消失。如今在沿江一带的村坊里，也只有上了岁数的老辈人，才会偶尔向人聊起抢潮头鱼这种陈年往事，可毕竟已时过境迁、岁月流转，再也没有了那种搏命的神情，连口气都变得平和了。

三堡塘上古樟树

口述：冯水林
整理：周永祥

在杭城东郊，凡上点年纪的人都知道民间有这样一句话："三堡有株香樟树，六堡有株肥皂树。"皆因这两个村的村口各有一株很有名气的树，其中尤以三堡村口靠近杭海路的那株古香樟树最为出名。

这株古樟树坐落在今三堡船闸东侧的200米处，树高约60余米，树冠覆阴面积100余平方米，树围最粗部位直径约1.5米。关于它的树龄，三堡村的高龄老人们也说不清楚，有的说150多年，有的说至少在300多年。据三堡村老支书冯水林说，他的爷爷对他讲过，当初在造上六甲庙时，庙旁边就已经有这株香樟树，而且已是一株参天大树了。而上六甲庙是清咸丰年间建造的，据此估算，这株古樟树的树龄应该不会少于200年。

三堡古樟树名气很大，可以说是当地的一个地理性标志。昔时少有高楼大厦，加上三堡塘埠地势较高，方圆10多千米范围内都能望得到这株大香樟树，看到了这株树，就知道了三堡村的所在位置。在钱塘江上行船，船家在船头上看到了这株古樟树，就知道三堡快到了，杭州快到了，心里就会有一种到家的感觉。老人们回忆说，他们在晴天时登上西湖边的宝石山上，远望杭城东方，就能清楚看到这株大香樟树；反之，三堡村的人爬上香樟树的高处，就能看到三潭印月，看到西湖的游船，至于湖边青山，那更是尽收眼底了。

冯水林大爷回忆说，三堡村古樟树还是一处航空标志。在抗日战争初期，笕桥机场的战机起飞、降落十分频繁，为给战机提供警示，国民党军方经过勘查，看中了三堡村这株高大的香樟树，于1937年8月时派了几名专业人员在古樟树顶安装了军用警示灯，每到天黑时分，这警示灯就一闪一闪地亮着红色灯光，给起降飞机引路。抗日战争胜利后，这枚警示灯也就拆除了。可是到了1960年时，为备战，笕桥机场的飞机又忙碌起来，这株古樟树上第二次被装上了警示灯，直到1964年秋天才被拆除。

由于古樟树覆阴面积很大，一到盛夏时节，树底下便成了村民们纳凉和小孩们玩乐的最佳地方。尤其是晚上，古樟树下更是热闹，纳凉的人们在树下铺好竹席，或用两张条凳搁上一块门板。大人们聊着天，喝着茶，手中摇着蒲扇，甚是惬意，一天的疲劳很快消失了；孩子们要么追逐嬉戏，要么玩“躲猫猫”的游戏，要么躺在竹床上仰望星空数星星玩，端的是一幅田园晚景图。

新中国成立后，三堡村古樟树长得愈发郁郁葱葱，真所谓：“百年古树又逢春，枝繁叶茂活力盛。”但是到了20世纪60年代后，这株古樟树遭遇了一次又一次的天灾人祸，最后终究难逃厄运。

那是人民公社成立之后的第二年夏天。一天晚上，三堡塘埠下有一施姓小伙子躺在竹床上纳凉。此时正逢农历六月半，天上一轮皓月当空，小伙子远望明月上的景象，忽一眼瞥见那古樟树的冠影轮廓，像极了月亮上的桂花树影，一连看了好几遍，越比较越像，不觉惊奇万分，忙叫了家人一同来观看，家人都说真是很像，又唤来树下纳凉人同来观看，观看者无不啧啧称奇，而只有在施家门前的道地上这个角度看才像，换一个方位看就不像了。这一奇观在第二天就传开了，到了次日晚上，更多的村里人都来观看，就连附近村庄的村民闻讯后也纷纷过来观看这一奇景。后来，村里人就把这株古樟树尊称为“月亮树”“神仙树”，这也为古樟树带来了厄运。村里的老太婆们隔三差五地到古樟树下烧香点烛，供奉“月亮菩萨”，祈求“月亮菩萨”保护她们的家人岁岁平安。久而久之，古樟树的底部被熏烤的乌黑一圈，再后来，连树皮也烤脱落了，露出了树骨。村民们看到百年古樟树受此磨难，就去劝阻这些烧香老太婆，不要在树下烧香点烛，否则是要遭报应的。古人说，迷信者必愚昧，愚昧者必偏执。这些人仍然我行我素，就连大队干部出面劝阻也没有用。

有一天下午，好好的晴天，日头高照，万里无云。忽然间乌云压顶，白天变成了黑夜，不一会儿狂风骤起，电闪雷鸣，暴雨倾注。忽然古樟树上空一道闪电过后，一阵炸雷震耳欲聋，半个樟树顶部被雷击中，树顶上燃起了一片火光，方圆数十里都能看见。待雨过天晴后，人们再看那株古樟树，树冠已被雷电劈中烧掉了一半。大家纷纷猜测，都是烧香老太婆惹的祸，烧香点烛时烧痛了“月亮菩萨”，所以遭此大难。从此后，吓得那些烧香老太婆再也不敢到树下去烧香点烛了。直到10多年后，古樟树的树顶才慢慢恢复成原样。

20世纪70年代初，建新大队（即三堡村前身）在离古樟树不远处办起了一家水泥预制厂，预制厂里浇铸各类水泥预制构件前，须把一圈圈不同规格的钢筋用卷扬机拉直，然后按不同规格截断钢筋。预制厂里的职工为图方便，在古樟树的底部系上一圈钢丝缆绳，缆绳上系上铁抱箍，铁抱箍上有“倒扎刺”，箍牢钢筋头后，一百米开外的卷扬机一拉，钢筋头就越箍越紧，直到一根钢筋被拉直为止。可是这一下就苦了这株古樟树，几十吨的压强吃力在樟树身上，每天几百次的折磨，古樟树下端被钢缆绳勒得

“体无完肤”，伤痕累累。日复一日，古樟树慢慢地枯萎。到了1975年，这株200多年的古樟树终于彻底枯死。

直到现在，村民们还在为这株大樟树惋惜不已。

塘工号子压江风

沈树人

20世纪六七十年代。你如果行走在江边的堤塘上或滩涂间，耳边会时不时地传来几声塘工号子，“……喔啰咯嗨嗨，喔啰咯嗨呀嗨……”那一声声雄健悠长、富有节奏的号子声随着江风能传出很远很远；这是抬石头喊的号子，对于这一声声的“喔啰咯嗨嗨”，沿江老百姓是再熟悉不过了，每当听到这铿锵有力的声音，在地里干活的人会自觉地紧一紧手把子，挑担的也会紧一紧脚步……号子鼓劲哪！

即便到了80年代，要是凑得巧的话，在沿江附近，也还能偶尔听到几声塘工号子，那粗犷的嗓音让人精神为之一振。然而随着岁月的流逝，这雄浑的塘工号子也和飘逝的岁月一起渐行渐远，现如今，尽管江风依旧，但再也送不来那些号子声了。

塘工号子并没有湮没

其实塘工号子并没有就此湮没，在沿江一带，做过塘工、会喊号子的人还有不少，笔者就是其中的一个，只是没有机会亮一亮嗓子罢了。

笔者世居六堡村，这是个濒临钱塘江的老村坊，往上游数有五堡、四堡、三堡……往下游走有七堡、八堡、九堡……这些沿江村坊的百姓，历来都有做塘工的传统。所谓塘工，就是充当抢修堤塘、砌筑海塘石坝的民工，干的全是抬石、抢险、抛坝、筑塘、挑土、围堤等重活。

由于地质地形特殊，加上潮水巨大的破坏力，导致钱塘江海塘修筑十分困难，虽然到了明清年间工艺改进，采用石条筑塘，也仍然屡建屡毁。沿江百姓吃足了苦头，官府也伤透了脑筋。在屡毁屡建的过程中，沿江百姓就成了修筑江防堤塘的主要力量。他们为保全自己的家园及良田免受水害潮灾的侵害，长年累月地辗转在工地上，这就是最早的塘工。在再修筑再损毁的循环往复中，塘工这个特殊群体也一代接一代地延续下来，成为沿江村落的传统行当。在一代又一代的交替中，前辈塘工们将他们生生不息、奋斗拼搏的不屈精神和精湛完善的筑塘技艺及发明创造，也一代一代地传承了下来。同时传承下来的还有这铿锵有力、鼓劲提气的塘工号子，这是留给后代的一份十分宝贵的财富。

记得在20世纪60年代末到70年代初那个阶段，笔者曾跟着阿坤师傅到翁家埠外塘的工班里做过塘工，去船上抬过石头、走过跳板、练过筋骨，几年下来，对于塘工及塘工号子，自有一番刻骨铭心的记忆和深切的感受：这一声声“喔啰咯嗨嗨”的号子，绝不是两个人在对山歌，而是塘工人汇聚了全身心的精、气、神吼出来的一腔豪气！

其实我们这拨人（包括笔者在内）可以说是沿江村坊里最后的一批塘工了。20世纪六七十年代，由于钱塘江治理成效显著，海塘工程已基本稳定，我们做的大多是扫尾工程和修筑完善项目，已然淡出了惊涛骇浪中的堵坝和搏命似的抢险，出工干活的安全性已经大为提高。尽管如此，我们仍然真正领教了做塘工的惊险和艰辛……尤其是当我们提着杠棒绳索上船抬石头时，只见江水拍打着木船，船体摇晃，浊浪四溅，两垅窄窄的跳板搭在船上，似乎随时都有滑落的可能；这种慌兮兮的场合空手走个人都脚下发虚，更何况肩上还要压上四五百斤的石块。你想想，任何新手见到这种场面，都会心里发寒、两腿发抖……

老塘工都是过来人，知道我们内心胆怯，就在岸上为我们壮胆：“不要怕，越怕越抖。号子喊响点，脚步要合好，看牢前面，肩膀撑开……”我照着老师傅说的，腰板挺起，果然觉得一口气提上来了，一声“喔啰咯靠起来哟”冲口而出，顿时浑身分量吃着，脚下稳实多了，内心的胆怯也慢慢地消除，几船石头抬下来，除了号子声还有点稚嫩，粗看起来倒是有点模样了。

跟着号子走

老塘工阿坤伯告诉我们：“抬石头是两个人配合的对手生活，一定要跟着号子走，脚步合牢，动作一致，两个人就像一个人似的……”怪不得阿坤伯他们上船卸石头的动作如此熟稳，原来他们基本上都是固定搭档，一个专抬前杠，一个专抬后肩，你有多少力气，我有几分本事，相互知根知底；两个人配合默契，动作协调。光看他俩上跳板的情景就让人佩服：只听前杠师傅喊一声“踏上咯高低！”，顺势踩上跳板；后杠阿坤师傅一声“高低要顾着”，不等号子喊完，后脚早已跟上。窄窄的跳板，对他俩已是家常便饭，前杠喊一声“滑脚要当心啰”，后杠回一句“当心要走好哟”，在摇晃的跳板上踩着号子的节奏，显得自信而从容，简直是如履平地。

塘工师傅抬石头

常言说得好：“艺高人胆大”，

老师傅的淡定深深地影响着我们几个年轻人，要想吃塘工这碗饭，就得跟着老师傅好好练，我们向阿坤伯讨教，阿坤伯蛮爽快，讲话开门见山：“你们年纪轻，要论力气，不比我们差；但要论这口气，还差得远呢……”阿坤伯的话有点糙，但话糙理不糙。他是说我们身上缺少一股塘工人的胆魄和硬气，还不像个真正的塘工。用现在的话来说，就是还缺那么一股不服输的“精、气、神”。别看阿坤伯大大咧咧的，他这话算是点到了我们的软穴。

往后的日子，不管刮风下雨，我们就做两件事：外练筋骨皮，内练一口气。一年多坚持下来，终于有了成效：胆子大了、肩膀硬了、脚步稳了，风里浪里不怕了；尤其是那一声声“喔啰咯嗨呀嗨”的号子，喊得彪悍铿锵，充满底气，让人刮目相看，连自己也有了种脱胎换骨的感觉。

人多势众的飞砣号子

阿坤师傅到底是老塘工，可谓是见过风浪，吃过斤两，样样生活拿得起的人，所以关键时候常有人来请他去做把桩师傅。记得那一次有个兄弟工班砌塘基大料，需要打木桩，缺少个把桩师傅，特地来请阿坤师傅。他和我有点投缘，就把我也带上了，说是让我去见识见识“打飞砣”的场面。

来到工地，阿坤师傅指着一个高高的架子说：喏，这就是专打飞砣的龙门架子，实际上是个可移动的脚手架，是打桩的操作平台。每打好一排桩，就向前移动龙门架子，俗称“撬龙门”。所谓飞砣，乃是一个用铁件框牢的石砣，铁件上有八个小铁箍并拴上绳子，需6到8个人站在龙门架上用力拉绳，将石砣拉过头顶，立即松开绳子，让石砣重重砸在木桩上，这样重复不断，石硪上下飞舞，故而称作为“飞硪”。

打飞硪是个集体项目，既要配合默契更要讲究技巧，力气用在手上，还要从石硪上下翻飞的惯性中掌握节奏……怎么样才能使飞硪打得平稳而有力呢？那就得靠号子，靠飞硪号子！

打飞硪一切都听把桩师傅的号令，见大家各就各位，阿坤师傅亮起嗓子，一声悠长的“喔—哆——”随口飘出，拉硪的师傅立马握紧手掌，跟上一句“吭唷来——”，嘹亮的号子声中大家一齐发力，将石硪举过头顶，恰到好处时，迅速把手松开，石硪急速落下，“嘭”一声，重重地砸在木桩上。阿坤师傅眼都不眨，号子随口而出“喔哆——”，拉硪师傅接住号子“吭唷来——”，手臂一扬，石硪飞起，动作一气呵成，这样连续不断，在一声声“喔哆——吭唷来——”，“喔哆——吭唷来——”的号子声中，打得石硪上下翻飞。正打到兴头上，突然间只听阿坤师傅调门一转，高喊一声“喔哆——喔哆——”，众人一个激灵，这是阿坤师傅在说他们有点松劲了，即刻提气聚神，跟上一声“哎嗨——哎嗨——”，一声号子解决了问题，接下来的石硪被大家甩得更有劲了。事后阿坤师傅告诉我：“打飞硪全凭号子领头，一定要喊出精神，喊出威势，大家才能齐心合力，手把子不松劲……”

我始终觉得在各种号子声中，唯有这飞硪号子最有韵律，最有节奏感，蕴含着丰富的音乐元素，富有感染力。但这种人工打桩的施工方式毕竟落后，20世纪70年代终于淘汰出局，为机械所替代，这“喔哆——吭唷来——”的飞硪号子也随风飘落，只是因为笔者对它有点偏爱，所以这号声还一直留存在记忆深处……

号子声声江风里

除了上面讲到的，其他工种的号子也不少。老底子在钱塘江里运石头的都是木帆船，船家把帆叫作“风篷”，桅杆扯上风篷就是动力。靠岸时风蓬落下，开船时风篷扯起。但说说容易做做难，这扯风篷可不比平常，得拿出浑身力气，两个船工拉住篷索，喊起号子：“唷嗦啰——唷嗦”“唷嗦咯——唷嗦”，风篷在号子声中一点一点升高；吃着了风力，可就苦煞了拉篷的船工，必须用出吃奶的力气才能将风篷扯上去，两个船工也早已累得气喘吁吁，但船上没有人帮忙，只能自己鼓劲，于是口中的号子也变得短促而有力：“唷嗦——唷”，“唷嗦——唷”，干脆利落，一气呵成。待风篷拉到顶，船工已是大汗淋漓，全身乏力。不过此时船已到了江心，船老大扳转舵柄，趁着风正帆轻，顺水而去，只留下那船工号子的余音，似乎还在江面飘荡。

砌筑塘坎有时要挖土挑土方，尽管土方担子不轻，但各人归各人挑，号子相对要随意得多，也不太讲究，差不多都是“喔嗨——”“喔嗨——”这种短而脆的音调，和脚步合在一起，很有节奏感。要是几个人号子汇合起来，颇有点大合唱的味道。这时候要是有拉塘渣的师傅喊着“嗨扎，嗨扎”的拉车号子经过，真好比是给大合唱配上了鼓点，听得人血脉贲张，精神奋发！

其实说到底，号子都是在劳动中产生的，它是劳动的颂歌，是精神的释放，力量的象征，而塘工号子无疑是最有代表性的。可以说塘工号子是钱塘江文化的一种独特的表现形式，其内涵是十分丰富的。

铿锵有力、雄浑彪悍的塘工号子正在渐渐远去，但愿它不会就此而消失……

闲扯江干的大气候与小气候

寿绍武

有友人让我说说杭州江干的天气气候。这让我很为难，因为我过去搞的是“农业气象”“农业气候”，从没有接触过“城市气象”“城市气候”。“没有调查就没有发言权”，我哪能说得出个子丑寅卯？朋友说，你是老杭州，在钱塘江边住过，多少晓得一些，又不是让你写论文。那倒也是，好吧，我就和大家闲扯闲扯。

先从古诗词中的江干气候说起

历来文人写诗，总离不开风花雪月，日冕云霓，天地精华，描写天气气候的诗词比比皆是，成为我们了解各地风物的佐证。一千多年以前白居易写的《忆江南》，就是一个典型例子。

《忆江南》在小时候的课文里就有，我特别喜爱。“江南好，风景旧曾谙。日出江花红胜火，春来江水绿如蓝。能不忆江南？”“江南忆，最忆是杭州。山寺月中寻桂子，郡亭枕上看潮头。何时更重游？”

老师说，白乐天的这两首词，总共只有十句五十四字，因为抓住了江南典型特色——“春来”“三秋”两个季节，“江花”“江水”和“桂子”“潮头”四个景观，从而清晰描绘出江南风貌，让人过目不忘，引起“能不忆江南”“何日更重游”的共鸣，真是精练至极，妙不可言。

白居易是大诗人，曾“当过”杭州的“市长”两年，他当然熟知杭州的天气气候与自然景观。江干就在钱塘江边，去郡亭观潮，江干是必经之地（郡亭说不定就在江干，也未可知）。所以也可以说，他写的就是江干景象。江干气候四季分明、冬夏长春秋短，春秋两季天气舒适宜人、景色是最好的。

根据《杭州气象志》（1991年10月版），江干区春天约始于3月第5候，终于5月第6候，历时70天左右；秋季约始于9月第5候末，终于11月第5候初，历时60天左右。杭州市气象台位于凤山门馒头山上，紧挨钱塘江，其气候数据代表江干是得天独厚，很可以参考的。

历朝历代文人墨客写江干天气气候的诗作很多，唐代戴叔伦，宋代范仲淹、陆游、秦观等，都写过冠题为“江干”的诗词。虽然他们都在浙江乃至杭州做过官，或者身世与浙江有关，但可称江干的地方多了去了，此江干不一定是彼江干，因为没有足够证据，我都不敢引用。不过他们诗中有写到“风”“雨”“霜晴”“路干”“冬暖”“残腊”等等，倒使我想到要说一说江干的光、热、水、气。

江干的光、热、水、气

杭州江干地处北纬30度，位于北亚热带和中亚热带的过渡区内，香樟树特别多就是证明。香樟喜温暖湿润气候。冬天不落叶，四季常绿，是亚热带标志性植物。机场路1971年底拓宽时，杭州首次把香樟树用作行道树种植，为人们所喜欢而津津乐道，后普及全市，旋又被选为市树。杭州暨江干冬天不是很冷，夏天很热，光温同步，雨热同季，非常适合香樟生长。

什么叫“光温同步”“雨热同季”呢？就是光、热、水等气候三要素在一年中的配置关系。

“光温同步”就是冬季太阳光相对少些，气温低些；进入春季以后太阳北移，辐射增强气温回暖；夏季阳光直射，气温奇热；秋后太阳往南移去，光减少气温又逐渐下降。

而“雨热同季”是指雨水多的季节气温也高，反之雨水少的季节，气温也低。这是东亚季风气候的特征，区别于地中海气候、温带海洋性气候、热带沙漠气候、极地气候和高原山地气候。

“光温同步”“雨热同季”，对农作物生长是十分有利的。所以在农耕时代，江干得天时地利，农业非常发达，也聚集人居，最后成为“东南形胜”之发轫。现代城市化发展后，江干光、热、水配合良好的特点，对绿化、对宜居也是很好的。知道这一特点，有利于改善环境，兴利避害。比如，小区绿化落叶树与常绿树要适当搭配；又例如城市的排水系统，应该要经得夏季暴雨的考验；等等。

说过光、热、水，再讲讲气。气流动就成风，说气就是说风。风是影响人们生活的重要天气气候因子，在日常生活中人们倍加关注。比如江干有那么多漂亮的高层建筑，风一来大楼就会跳“摇摆舞”，这就是“风压”在作怪。所以，在高层建筑设计中，建筑师都要根据气象资料严密地计算，丝毫不敢马虎。

江干受季风影响，冬半年盛行北风（西北偏北到东北偏北），夏半年风向比较乱，而以东南偏南及西南偏南风为主。全年平均风速2.3米/秒，最大风速为23米/秒。平时天气晴好，受海陆影响，风向呈现早西晚东的现象。如果反常了，则预示天气会有变化。

绕不开的话题

江干的光、热、水、气构成了江干的气候。而说到江干气候，钱塘江边空气的咸度、湿度确是个绕不开的话题。

打开百度检索“江边湿气真的大吗?”在“19楼”，在“口水杭州”上，各种说法都有莫衷一是，足见人们的关心。因为这关乎生活和投资的大小事。而要回答，不是一两句话就能够说得清楚。这涉及“小气候”问题。

小气候是指在一个大范围的气候区域内，由于局部地区地形、植被、土壤性质、建筑群等以及人或生物活动的特殊性而形成的小范围的特殊气候，例如农田山地气候、城市气候、住宅区气候、沿江沿海沿湖湿地气候等等。特定的小气候区域内， 温度、湿度、光照、通风甚至雾霾、空气成分等要素与周围会有差异，就会直接影响人们的生活环境，关乎环境质量和生活情趣。

俗话说“十里不同天”，江干区东西南北中，面积210.22平方千米，下垫面有广场高宇、铁路公路桥梁、公园绿地，还有钱塘江和运河。钱塘江的小气候尤为突出。从理论上讲，因受不同下垫面影响，江干小气候客观存在，而且具有多样性、特异性。

我没有考察过钱塘江边小气候，但曾调查考察过山地气候、农田气候，某些特定的地形所造成的特定的小气候，确实与众不同。例如在余杭区鸬鸟镇，有一个叫全城坞的小山村，村后三边环着高山，朝南开口，村前是高低错落的梯田，是典型的“马蹄形”山地。因为它的光照条件好又窝风，所以气温要比鸬鸟镇其他村子高。其他村种双季稻很紧张，全城坞种双季稻绰绰有余。

但小气候有两大特点。其一是范围小，垂直方向大概在100米以内，主要在2米以下，水平方向可以从几毫米到几十千米。我曾在一个静风夜晚，在农场的一个上百亩的大水库边，测过气温变化。在水平距离40米内，气温受水库影响，与大气温度有差异（偏低些），40米外则差异消失。其二，小气候要素变化快，具有脉动性，日变化剧烈。国外有位科学家曾在5厘米高度上，25分钟内测得温度最大变幅为7.1℃。因此，各人所处位置不同，所感受到的小气候就会不一样。气象台的观测数据，就不能代表特定区域的小气候状况。

根据以上思路分析，钱塘江边的空气咸湿问题就好回答了。

钱塘江边的空气咸度湿度之我见

钱塘江这么大的水体，水面滩涂辽阔，江水既来自上游新安江（水温比较低），又因潮汐来自东海（海水含有盐分），每时每刻都在变化，水温和水质也随之改变，从而影响到空气中的温度、湿度、咸度、清纯度，风也会受到影响。江干区位于钱塘江北岸，沿江区域的小气候与其他区域有差异，在一定的范围一定的时间段内，空气比较咸湿，从理论上讲是客观存在的，比如江面或江边的雾气就比其他地方多。但因各人所处位置（离江岸的远近）不同，时间（涨潮落潮）不同，天气（风向、气压、阴晴）不同，咸度和湿度也就不一样，感受也就不一样。有人说江边空气咸湿，有人说感觉不到，就不足为奇了。如果非要知晓你家或某一楼盘的湿度、温度、风速、光照及空气质量（含盐量），只要应用气象或其他专用仪器，定时定点做一个考察就可以知道了。比如你在阳台上挂个干湿表，就能知道你家的温度、湿度是多少 。那比在房间里测甲醛，容易多了。如跟亲戚朋友一起在各自家中测定，多点平行观察，就能比较出来。而空气中的盐分，则得借助环保专家之力。我没有这方面的数据，也不掌握这方面的知识，不能说出个所以然。

其实，不同地方有不同小气候，这是常识。例如，房前屋后气温不一样。冬天柑橘在零下7摄氏度时会冻死，杭州一般不适宜种植，而如果你把柑橘种在向阳背风的屋前，加上一定的防冻措施，它们还是可以在杭州安家落户的；又例如，城市中绿地与裸露的道路广场气温大不一样，合理植树种花，绿化庭院，改善城市下垫面状况，可以减少热岛效应，减少空气污染；再比如，屋宇间有弄堂风，江边风大，谁人不知，哪个不晓？夏日夜晚，人们喜欢在江边河边走走，特别是在钱塘江边，在“城市阳台”散步纳凉，享受晚风吹拂的惬意，这都是江干人的福气。

“日出江花红胜火，春来江水绿如蓝。”江干气候好，给人们带来好景观，好享受，真是太好了。

沿着茅草埂头走

李毛法

如今，钱塘江畔的江堤是以钢筋混凝土结构建筑的标准海塘，堤坝的面是宽阔平坦的柏油马路和金光锃亮的不锈钢栏杆，是人们茶余饭后散步休闲的好去处。每逢八月中秋，在这壮观的堤坝上，迎来了成千上万的观潮“大军”来享受这天赐良景。如今，社会的福利越来越好，人们都说今朝是享福啦。

可是在20世纪50年代，这江堤是泥土堆积打实而建成的，老百姓俗称它为“茅草埂头”。为了防止被潮水冲垮，聪明智慧的劳动人民在埂头两侧的斜坡面上种上茅草、芦苇。一来呢，它的根基粗韧而茂密，深深地扎入泥土，使埂头加固更牢靠；二来么，这长长的茅草紧挨着坡面，那汹涌澎湃的浪潮冲击而来，在茂盛浓密的茅草上面一滚就立马乖乖地淌下回去了，土堤塘就不会被冲毁，能起到很好的防浪潮作用，就这样安定了两岸百姓的生活。

虽说那时候因为贫困，这江堤显得寒酸又简陋，但是回忆起那浓浓的乡愁来，要比现在更胜一筹。

那时我家在下沙四格桥有几亩沙地，栽有棉花、络麻、花生、黄金瓜、麦子、蚕豆等作物，一年四季要播种、管理、收货，去过多少次已经记不得了，但唯有在春天的那几回依然历历在目，难以忘怀。

东方的天色刚刚鱼肚白，父亲就率母亲和我们孩儿几个，扛着农具，挑着茶水饭篮等出发“远征”了。走到七堡街上时，茶肆酒坊已经开始热闹，商家们也已陆续落下了排门。父亲为了犒赏我们，便习惯性地去羊肉店买一角钱白切羊肉，竟有一小碗呢，这是纯正家养湖羊的精肉经传统手艺制作而成的，用荷叶一包更是香上加香，真当好吃嘞！再买几块五香俱全鲜润耐嚼的五香豆腐干，真当入味哉！现在想起来这些大吊胃口的鲜香滋味，实在让人大咽口水，很想再尝一尝，可惜这些手艺已经失传，怪遗憾的。

走出七堡南街就是高德大（据说原来是个富商的名字，经营过棉花生意，久而久之就成了地名）。走过高德大就踏上了高高的茅草埂头，抬头一望，啊！——前面是一片广阔无际的田野和波涛滚滚的江水，青青的茅草两边长满了万紫千红的百草和野花，这埂头犹如一条穿着华丽的长龙侧卧在江边。一路走去，只见许多蝴蝶在花丛中飞舞，勤劳的蜜蜂为采蜜忙忙碌碌，各种飞鸟在头顶叽叽喳喳地旋来飞往，成双成对的燕子们在上空啁啾。真可谓是莺歌燕舞呢！——我陶醉在这满园的春色中，甚感空气的清新，遂大口大口地呼吸了起来，脚步也渐渐轻盈，愉悦的心情不得油然而生。

呜——江面上传来一阵长鸣，吸引了我的目光。父亲说，这是萧山赭山坞里到七堡的航班轮船。汽笛声在每天八点准时响起，当地老百姓都把它当作一记晨钟。

江面上大小船只不计其数，船帆林立，有运货的，打鱼的，耙黄蚬的，各司其职。

“娘舅！侬来哉！”一声亲切的招呼打断了我的观赏：我表哥住在这里，他顺手接过父亲手中的农具，请我们稍息。

到了地头，父亲脱掉外套，挽起裤脚，手捏铁耙，像京剧里的关云长挥舞青龙偃月刀似的，大块大块地掘起地来。我们就在麦地里拔草，麦苗长高漫过膝盖，要拔草不能蹲下了，只能费劲地弯着腰，可我却不费吹灰之力，也许是路边的风景使我的心情大好的缘故吧。

吃过午饭，趁休息之余，我们姐弟几人到江边沙滩，用胡葱吊蛏子，这蛏子很容易就上钩了，再就是水洼里去摸鱼虾，总是收获满满，父亲很高兴，夸我们有本事，我们则开心地大笑起来，其乐融融。

下午休息片刻，又一起忙活到日暮，父亲吆喝我们收工回家。这时午潮早已褪去，我们为了抄近路，就往埂头下面的沙滩走，江面上的微风迎面吹来，甚是凉爽。我们一家子一路上说说笑笑，忽然，在江边爬上许多毛驮蟹，成群结队的，挡住了我们的去路。父亲随手拔了一把茅草当扫帚把蟹归拢，装进麻袋挑了回家，现杀，现煮，现吃，味道十分鲜美。母亲还盐了一腐乳甏，父亲用老酒醉了一小甏，吃不完还可去卖，换点钱。

60多年过去了，杭州发生了翻天覆地的变化，社会的面貌日新月异，每当看到这些，就会让我想起那钱塘江堤坝，继而，脑海里不断浮现出童年走过的那美丽可爱的茅草埂头的样子，然后是江滨、沙滩、老底子的池塘、河沟、草舍、道地、马头烟囱、竹园石桥和蜿蜒的泥路。钱塘江沿岸沙地上的一切景物瞬间历历在目，让人觉得仿佛只要一伸手，便能触及。

是啊——那浓浓的乡愁，时刻伴随着我晚年的幸福生活。